汽车改装码上学

陈甲仕 主编

汽车职业技能码上学丛书

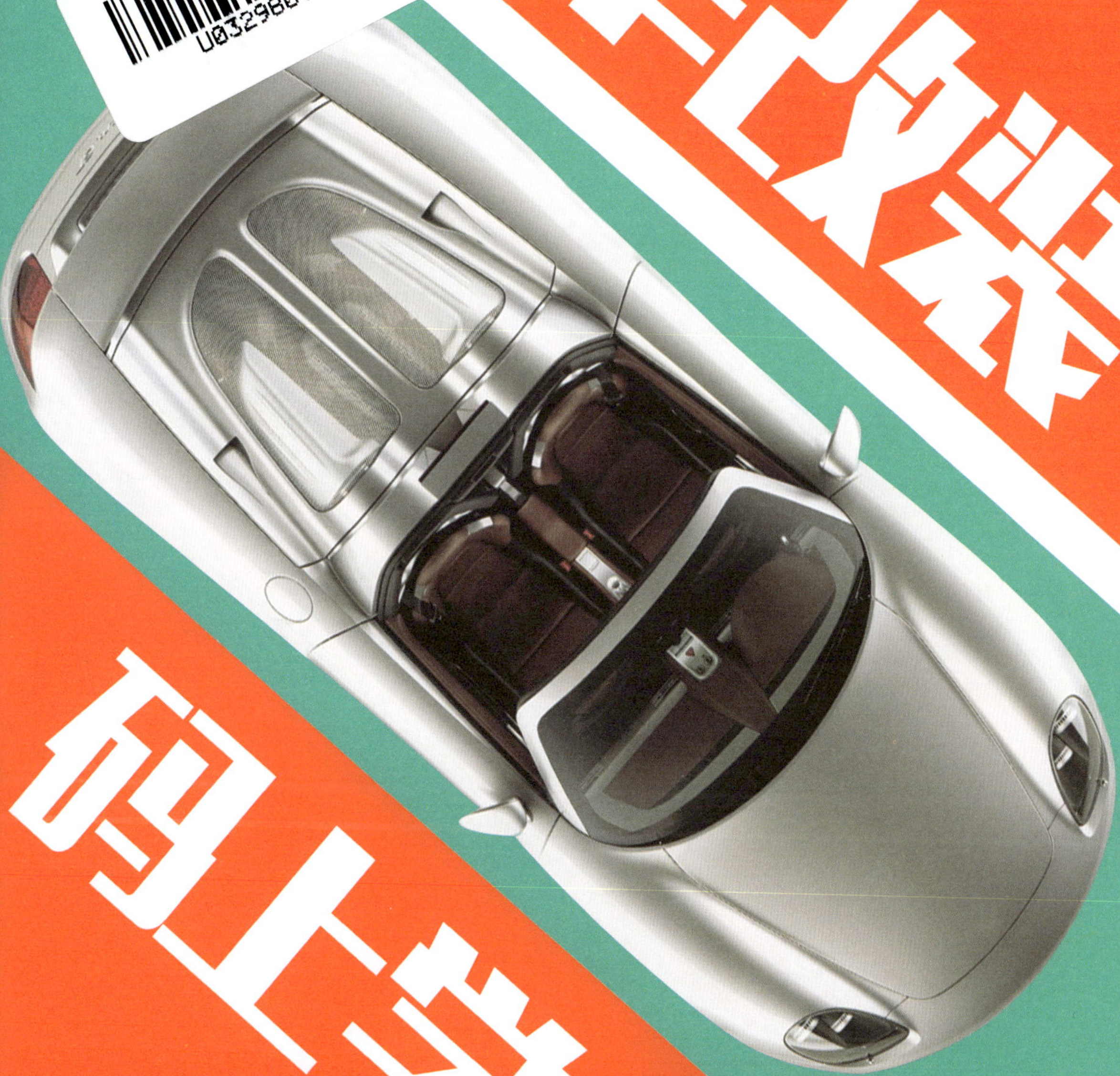

机械工业出版社
CHINA MACHINE PRESS

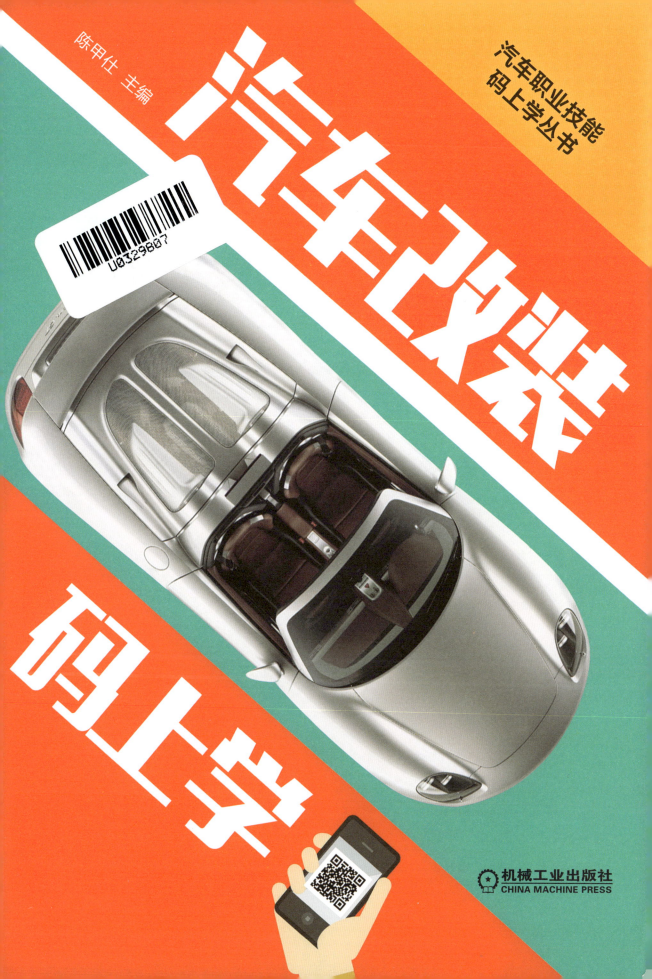

本书根据新形势下汽车改装特点，以“图解+视频”的形式进行讲解，由浅入深，突出操作技能，内容新颖、贴近实际汽车改装，有别于目前国内出版的同类教材和图书。全书内容覆盖日常汽车改装过程中必会的知识与技能。

本书图文结合，简单实用，易学易懂，可供从事或准备从事汽车改装的广大读者学习使用，也可作为相关汽车院校师生操作培训的辅导用书。

图书在版编目（CIP）数据

汽车改装码上学/陈甲仕主编. —北京：机械工业出版社，2018.12
（汽车职业技能码上学丛书）
ISBN 978-7-111-61459-3

Ⅰ. ①汽… Ⅱ. ①陈… Ⅲ. ①汽车改造 Ⅳ. ①U472

中国版本图书馆CIP数据核字（2018）第267340号

机械工业出版社（北京市百万庄大街22号 邮政编码100037）
策划编辑：杜凡如 责任编辑：杜凡如 徐 霆
责任校对：王 欣 封面设计：王九岭
责任印制：张 博
北京东方宝隆印刷有限公司印刷
2019年1月第1版第1次印刷
184mm×260mm · 9.5印张 · 189千字
0001—3000册
标准书号：ISBN 978-7-111-61459-3
定价：59.00元

凡购本书，如有缺页、倒页、脱页，由本社发行部调换

电话服务	网络服务
服务咨询热线：010-88361066	机 工 官 网：www.cmpbook.com
读者购书热线：010-68326294	机 工 官 博：weibo.com/cmp1952
010-88379203	金 书 网：www.golden-book.com
封面无防伪标均为盗版	教育服务网：www.cmpedu.com

前言

随着汽车数量的持续增长，热衷于汽车改装的车主也越来越多。因此，汽车改装成为汽车服务的主要内容之一。为了使广大从事汽车改装的人员更快地进入工作角色，提高从业技能和实践水平，我们特意编写《汽车改装码上学》来满足大家的学习需求。

本书采用“图解+视频”的独特方式进行讲解，并且融合了汽车改装过程中的精髓，让读者学得轻松，学得愉快，即学即上岗，是一本经典的汽车改装书籍。全书分为6章，共51个项目，主要覆盖日常汽车改装过程常见的必会项目。

本书图文结合、易学实用、通俗易懂，能够学以致用，可供从事或准备从事汽车改装的广大读者学习使用，也可作为汽车院校师生实训指导用书。

本书由陈甲仕主编，参加编写的人员还有陈柳、黄容、陈科杰。在本书编写过程中，得到了许多汽车改装店铺以及广大技师朋友的大力支持和协助，在此表示诚挚的感谢！

由于编者水平有限，书中难免有不足之处，恳请广大读者批评指正，以便再版时补充完善。

编　者

目 录

第 1 章　汽车内饰改装

1. 内饰贴膜改色

以仪表台面板的装饰框为例，内饰贴膜改色的操作方法如下：

（1）首先将需要改色的装饰框从仪表台的中央控制面板中拆下，然后估算装饰框的粘贴面积，再用美工刀裁剪一块大小合适的改色膜。

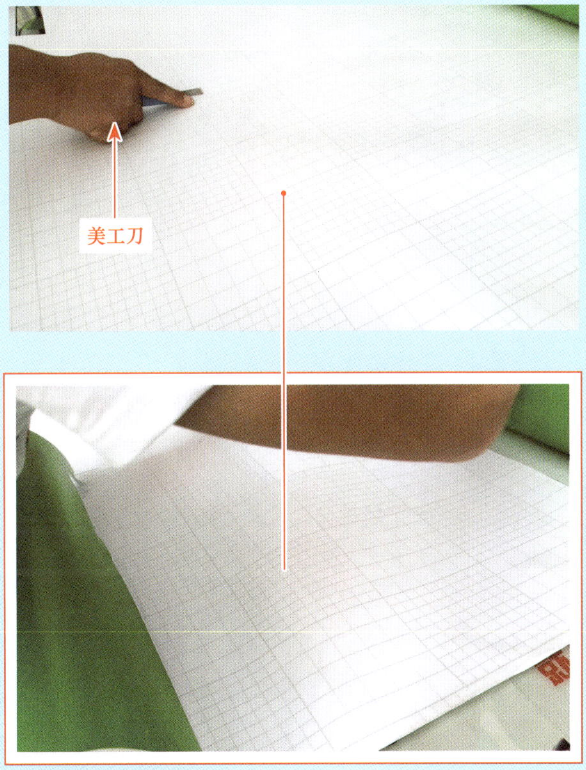

剪裁改色膜

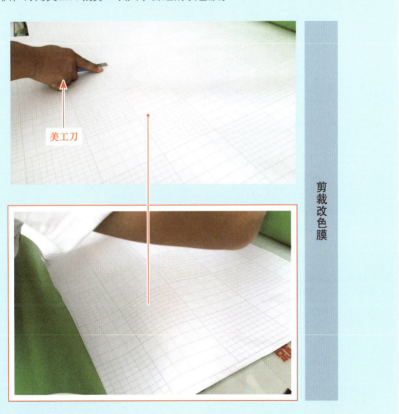

擦拭装饰框表面

粘贴改色膜

（2）用一块干净的抹布擦拭干净装饰框的表面。

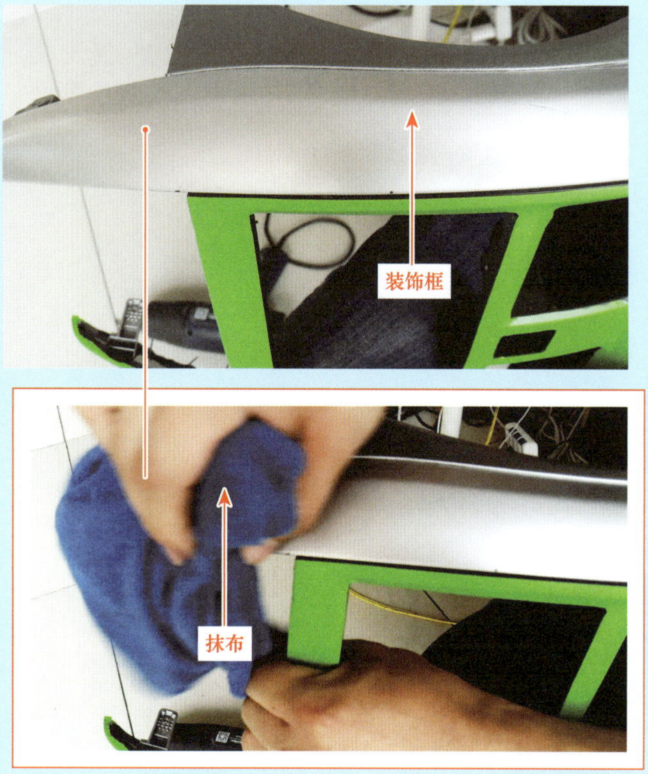

擦拭干净装饰框表面

（3）撕开改色膜的底层保护层，然后小心地将其贴于装饰框表面。

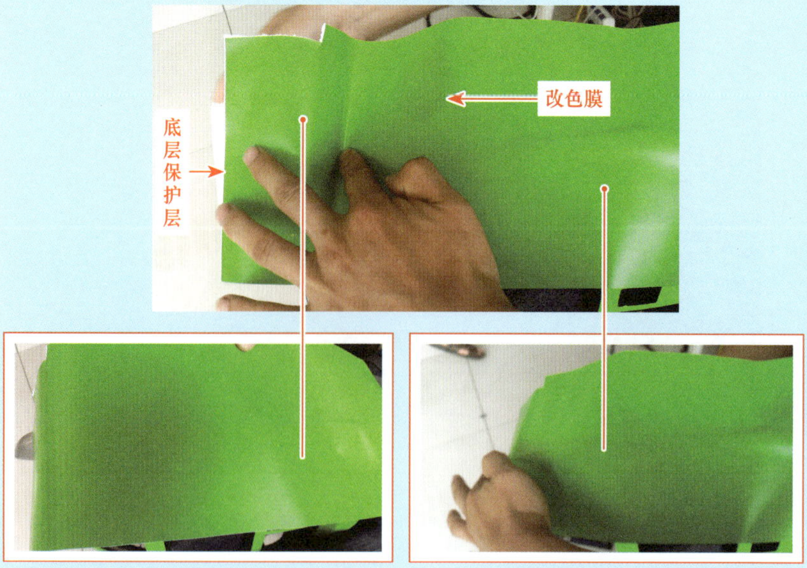

粘贴改色膜

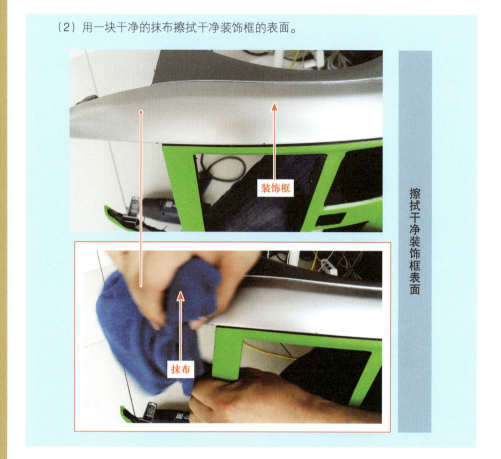

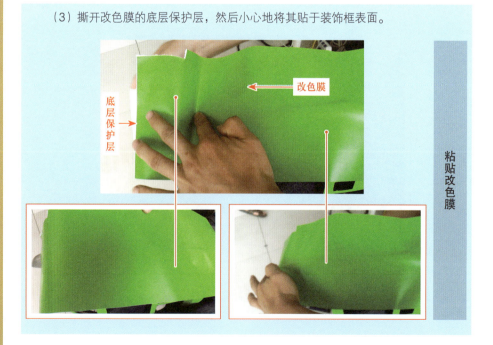

（4）用刮板赶走改色膜与装饰框的气泡，然后一只手拿热风枪轻微加热改色膜，另一只手拉直改色膜，同时用拇指抹一下改色膜，让其更加贴合于装饰框上。

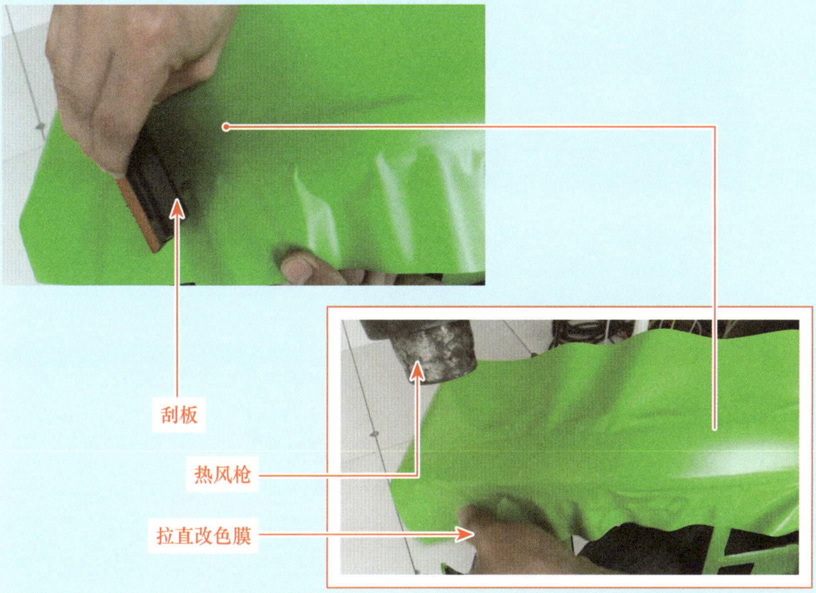

用刮板刮改色膜

用刮板刮改色膜

（5）再次用刮板的角对改色膜的边缘压紧，即可将改色膜粘接牢固。

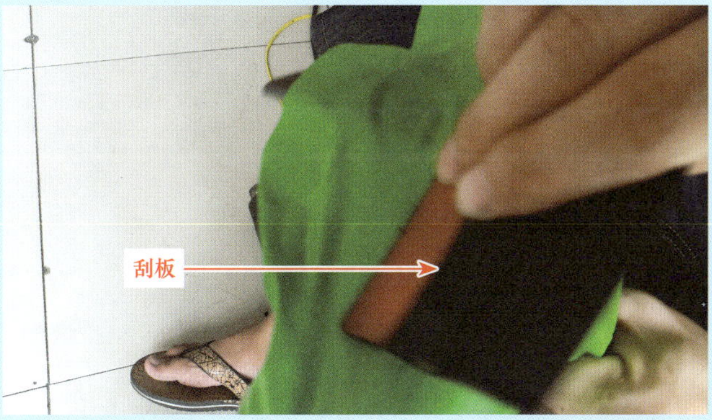

压紧改色膜边缘

压紧改色膜边缘

（6）用美工刀沿着缝隙裁剪多余的改色膜，然后将多余的改色膜撕掉。

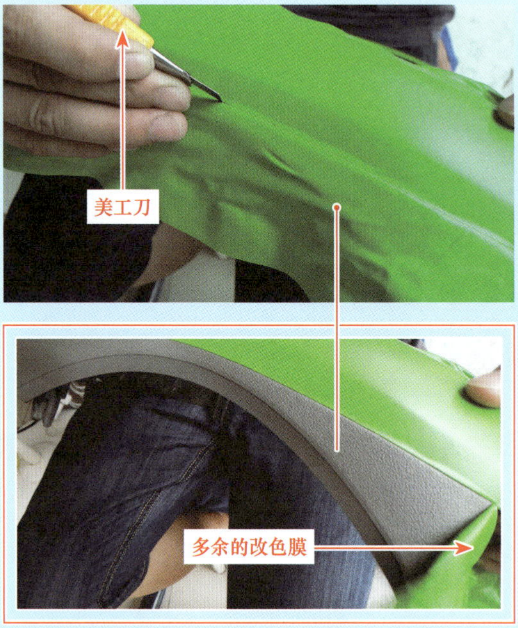

裁剪多余的改色膜

撕掉多余的改色膜

裁剪多余的
改色膜

（7）图为改色膜粘贴好后的效果，最后将装饰框重新安装到车内即可。其他部位的改色可以采用与前面相同的粘贴方法直接在车内改装。

改色膜粘贴好后的装饰框

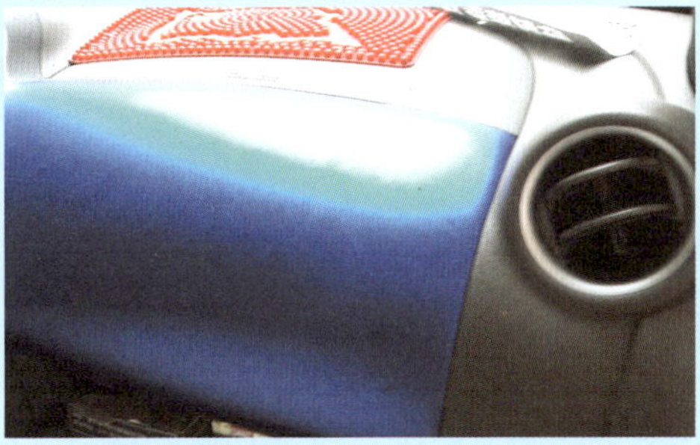

其他部位的改色

2. 内饰喷漆改色

（1）首先在需要改色的内饰周围用纸胶布将遮蔽纸贴上。注意：避免喷色漆时将内饰的其他部件弄脏。此外，对于不需要喷色漆的部位也要粘贴上纸胶布保护，如杂物箱的拉手、空调出风口、空调控制面板等。

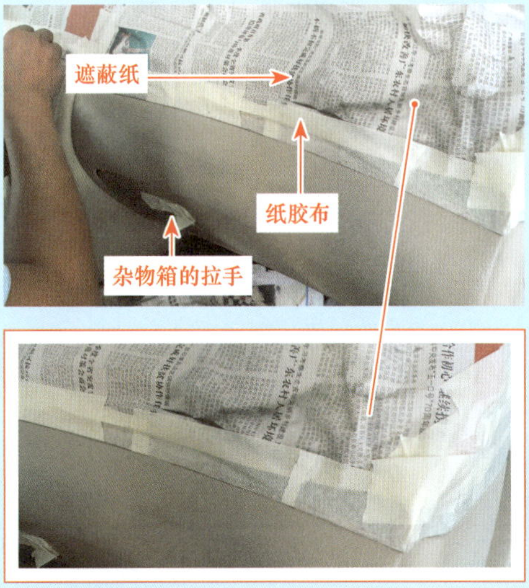

内饰周围贴上遮蔽纸

贴遮蔽纸

（2）根据内饰的颜色来调色漆。当调出的色漆颜色与需要的内饰颜色吻合度较高时，将所调的色漆进行试喷。如果发现所调的色漆与需要的内饰颜色不一致，则需要进行微调，直到所调的色漆与需要的内饰颜色一致为止。

调色漆

调色漆

（3）使用喷枪来回均匀地喷上一层色漆，使其遮盖住内饰原来的颜色，如有必要则进行第二遍喷涂。喷色漆时，应右手拿喷枪喷色漆，左手拿一块硬纸皮遮挡住喷枪经过的路径边沿，避免色漆飞溅到其他内饰上造成清洁困难。

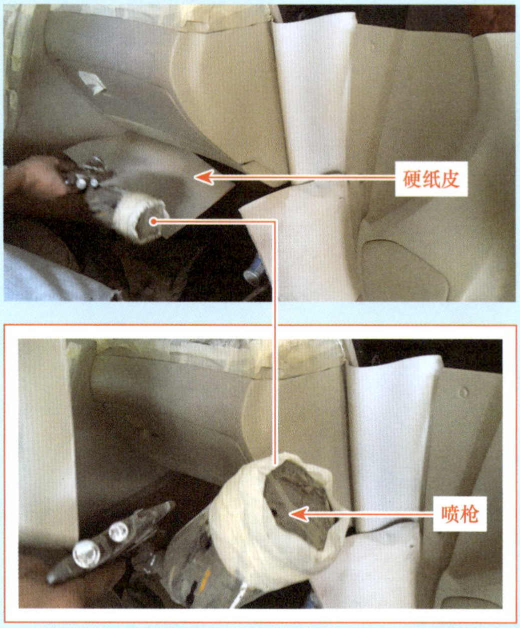

喷色漆

喷色漆

（4）待色漆自然干燥即可恢复内饰原来的光泽，最后将遮蔽纸撕掉，完成内饰的改色。

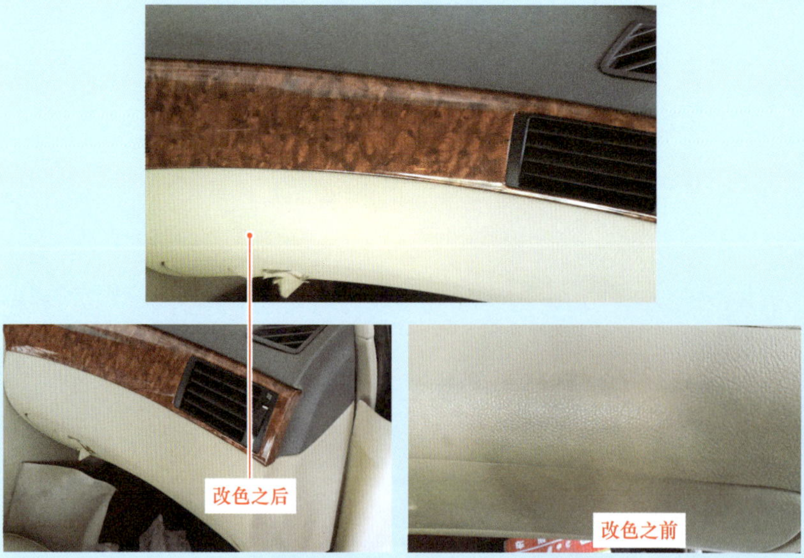

改色效果

3. 改装桃木内饰

（1）以右后车门为例，首先用胶片从车窗按键总成的边缘慢慢撬动车窗按键总成，然后将车窗按键总成及线束从车门饰板中拉出，接着用十字槽螺钉旋具将车窗按键总成上固定车窗按键的 2 颗螺钉拧下，即可将车窗按键的饰件取下。安装车窗按键的桃木饰件时，应先将车窗按键用螺钉固定在车窗按键的桃木饰件上。

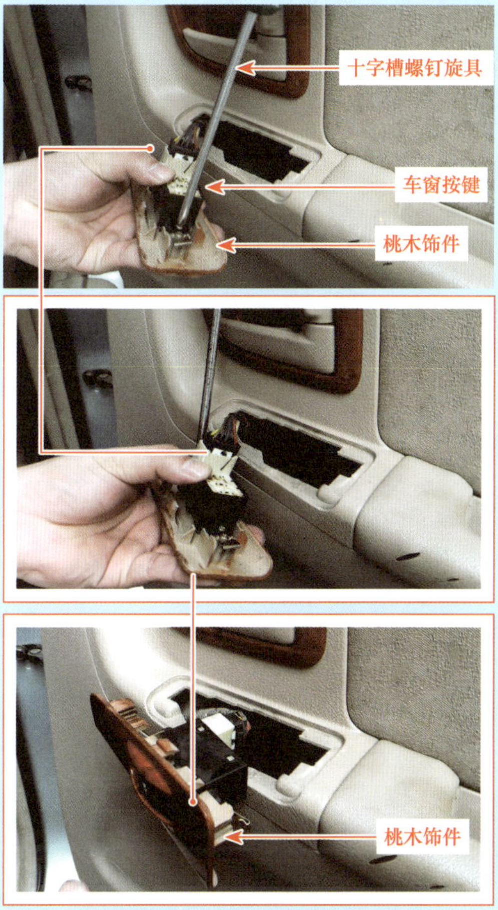

固定车窗按键

（2）将安装好桃木饰件的车窗按键总成对准安装卡口放在车门饰板上。

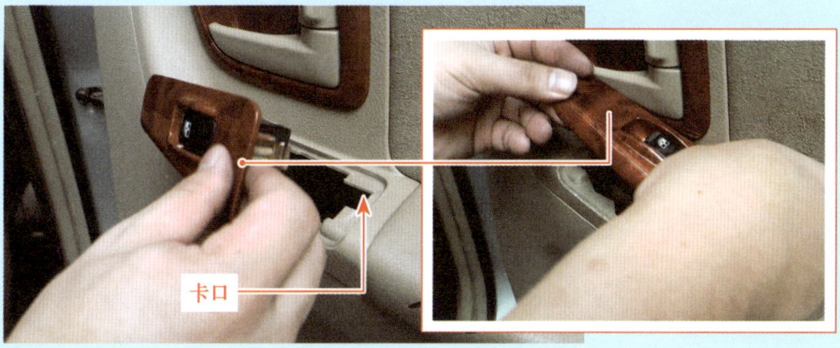

车窗按键总成放置在车门饰板上

车窗按键桃木饰件的安装

（3）用手指按压车窗按键的桃木饰件，让车窗按键总成装入车门饰板。

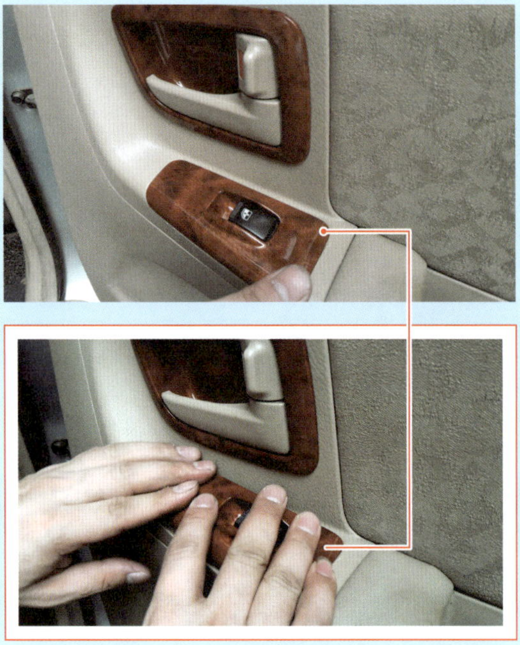

按压车窗按键的桃木饰件

（4）右后门车窗按键桃木饰件的安装完成。其他 3 个车门的车窗按键及门拉手的桃木饰件均采用相同的方法进行替换。

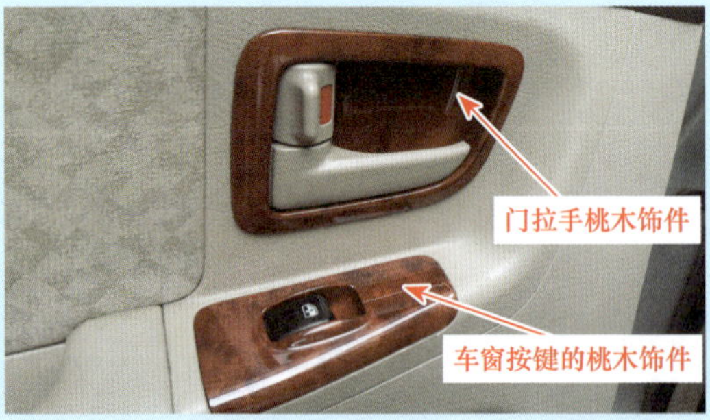

改装桃木饰件效果

（5）中控面板装饰框改装桃木装饰框时，应先将原来的中控面板装饰框拆下，然后将原来的控制旋钮拆下，将它们按照相反的顺序安装在桃木装饰框上，再将控制旋钮的线束插头插在对应的控制旋钮插座上。

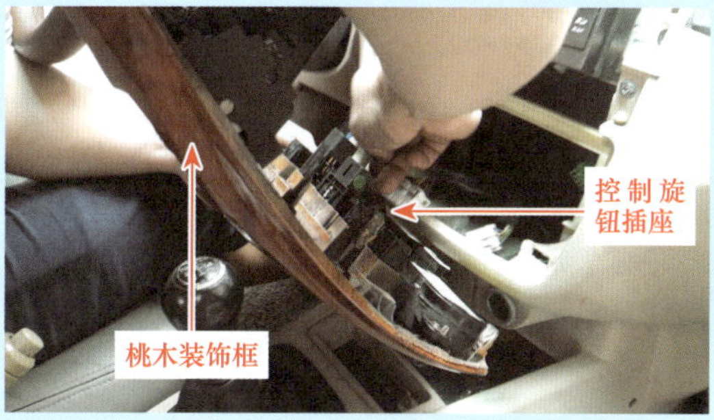

安装线束插头

（6）将桃木装饰框准确地放置在仪表台中间的卡口位置。

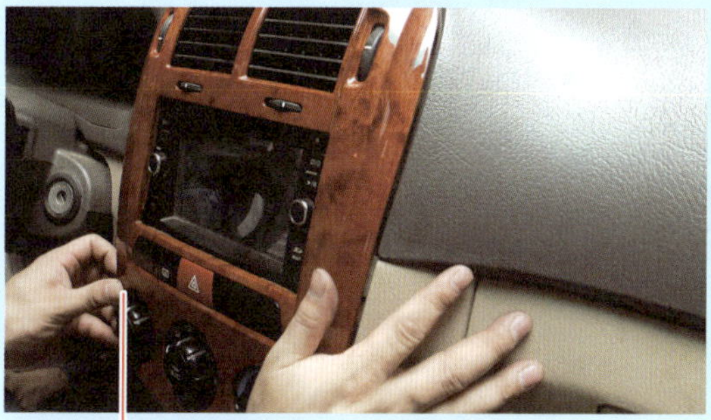

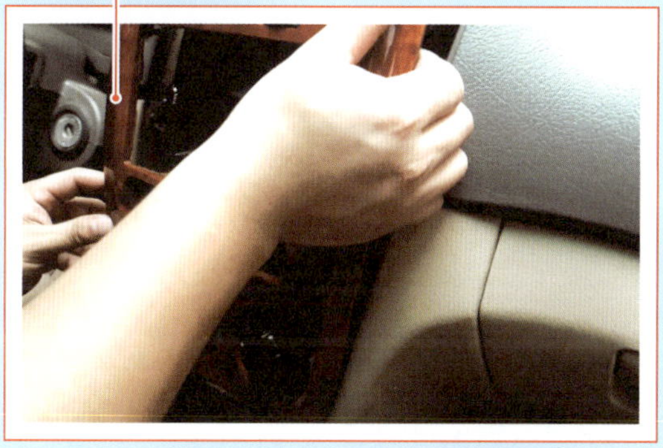

放置好桃木装饰框

安装桃木装饰框

（7）用手指按压桃木装饰框，将桃木装饰框装入中控台内。

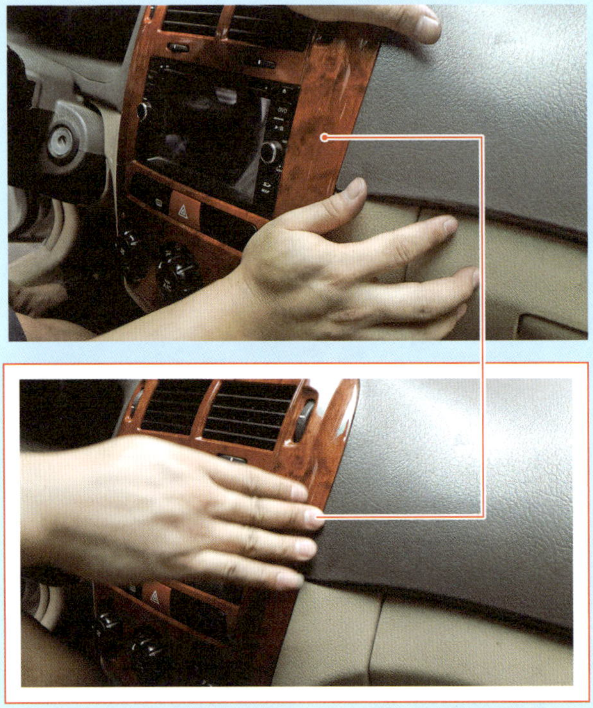

按压桃木装饰框

（8）图为安装好的桃木装饰框效果。起动发动机，检查空调控制旋钮的控制情况，确保电器能够正常工作。

桃木装饰框效果

4. 汽车顶篷改装真皮

（1）将顶篷从车内拆出，同时将顶篷外表的旧皮层撕掉，然后用刷子将顶篷表层的脏污刷干净，再用压缩风枪吹一遍。

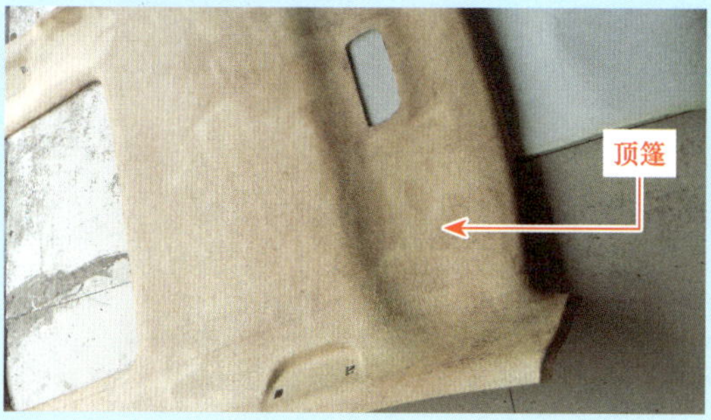

清洁干净后的顶篷

（2）根据顶篷的面积剪裁一块大小合适的真皮块，然后在真皮块反面均匀喷上一层粘结剂，同时也要在顶篷表面均匀喷上一层粘结剂（俗称助粘剂）。

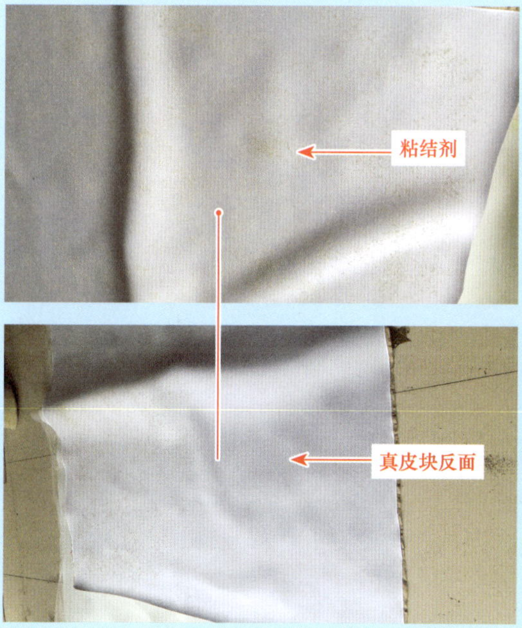

在真皮块反面均匀喷上粘结剂

喷粘结剂

顶篷的表面盖上真皮

（3）当真皮块反面和顶篷表面的粘结剂晾置 2 ~ 3min 后，由 2 人同时将真皮块拿起翻转一面，让喷有粘结剂的一面朝下，然后将真皮块拉平并将其覆盖在顶篷的表面上。

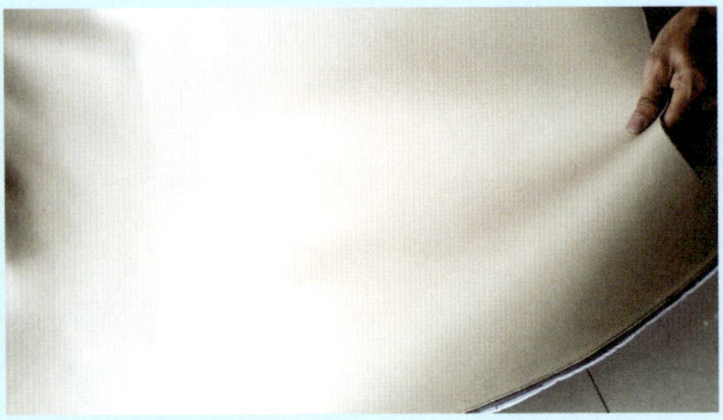

顶篷的表面盖上真皮

抹平真皮块

（4）一只手拿一块折叠好的方形真皮块，另一只手拉平真皮块，然后均匀地将其抹平，让其牢固地粘在顶篷上。抹平时，要适当施加压力，压力须全面均匀。

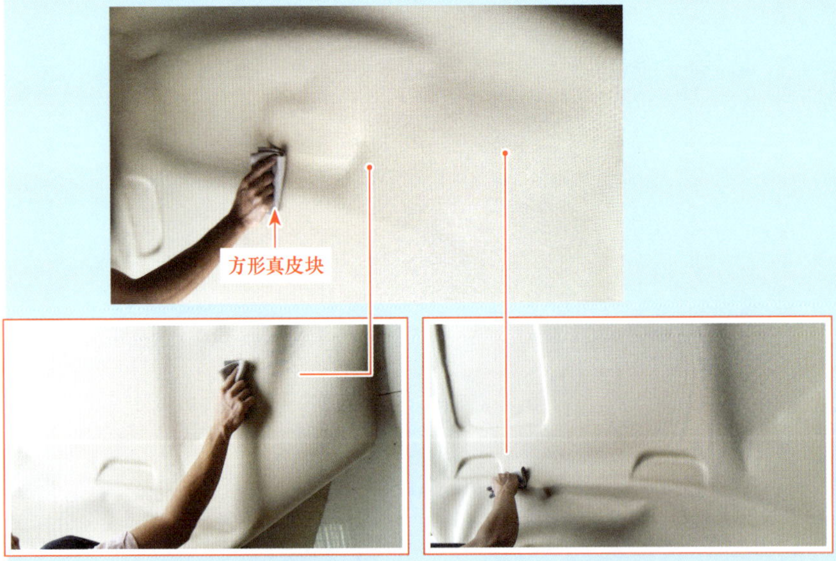

抹平真皮块

（5）将顶篷背面反过来，对其进行收边处理。收边处理就是剪切掉边沿多余的真皮，然后按照边沿的幅度将真皮的边沿粘接牢固。

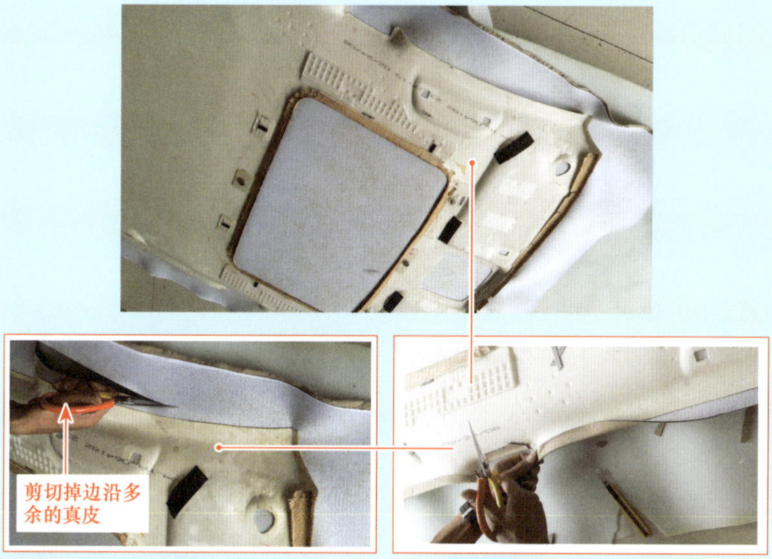

边沿的收边处理

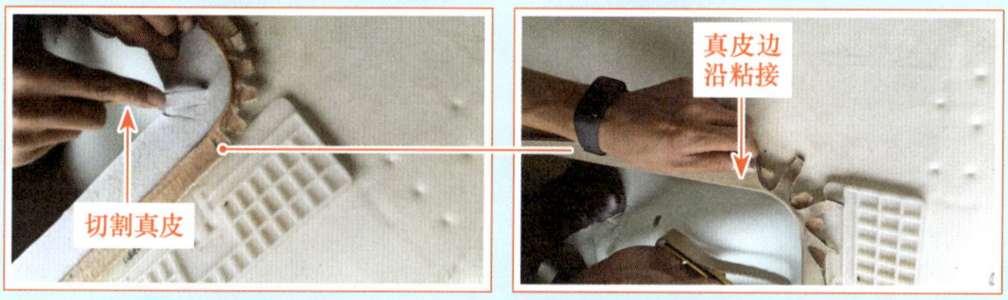

框口的收边处理

真皮边沿收边处理

（6）顶篷改装真皮完成后将其按照相反的顺序安装到车内，最后确保顶篷上的用电器能够正常工作即可。

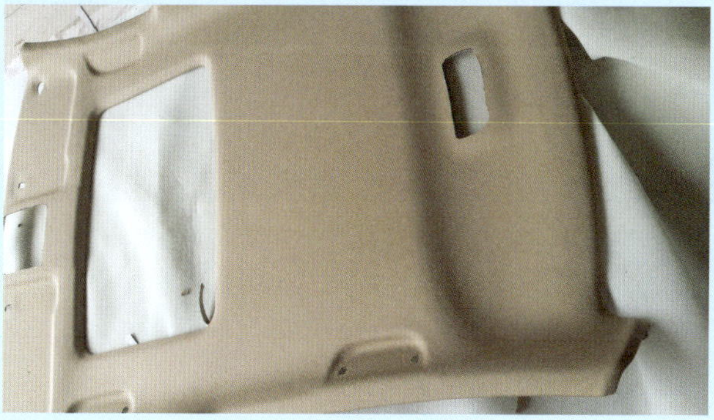

改装好的顶篷

改装好的顶篷

相关知识

（1）准备。

1）确保施工现场通风良好。

2）确保空气压缩机及喷枪管道无积水。

3）确保喷枪正常。

4）确保顶篷表面无油渍、无灰尘、无杂质。

（2）喷粘结剂要点。

1）顶篷表面和新真皮反面均要喷涂粘结剂。

2）喷枪气压调至 500kPa 左右。

3）喷枪喷嘴与顶篷表面距离 20~50cm。

4）喷嘴与汽车顶篷表面成 45° 左右。

5）调试喷枪，喷出效果为颗粒状为宜。

6）喷涂时喷枪应平稳移动，喷涂粘结剂应均匀。

（3）粘结剂晾置时间的判断。

一般晾置 2~3min 即可进行粘接。如遇到温度低、湿度大的天气，晾置时间适当延长，但晾置时间也不宜过长，以用手接触粘结剂不会粘下胶为准。此外，千万不要喷粘结剂后未经晾置就进行粘接。

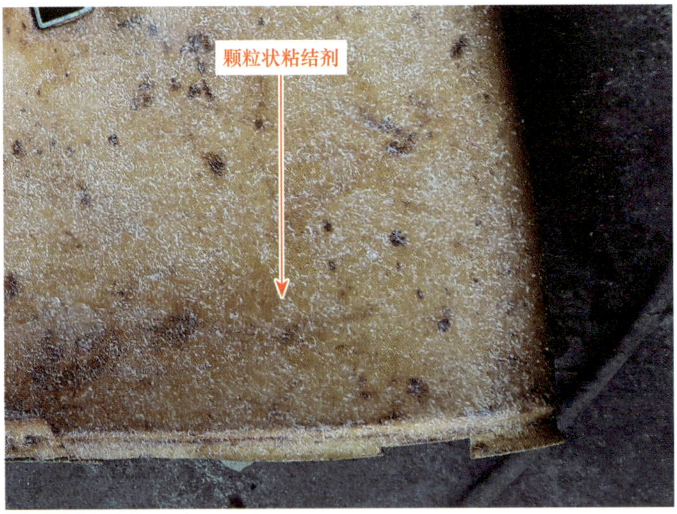

喷涂粘结剂应均匀

5. 汽车座椅改装真皮

（1）首先从原来座椅底座支架上拆下座椅底座，然后从座椅底座中拆下座椅套，直到剩下座椅底座的海绵垫为止。此外，靠背的座椅套可以直接从座椅靠背中拆下，无须将座椅靠背的海绵垫单独拆下。

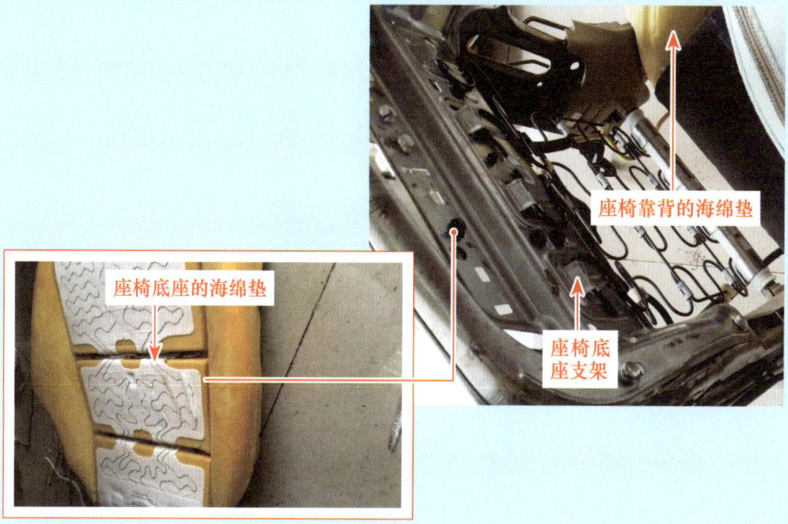

座椅底座的海绵垫

（2）准备好真皮座椅套，然后用剪刀修剪掉靠背真皮座椅套多余的包缝。注意：真皮座椅套分为靠背真皮座椅套和底座真皮座椅套两部分。

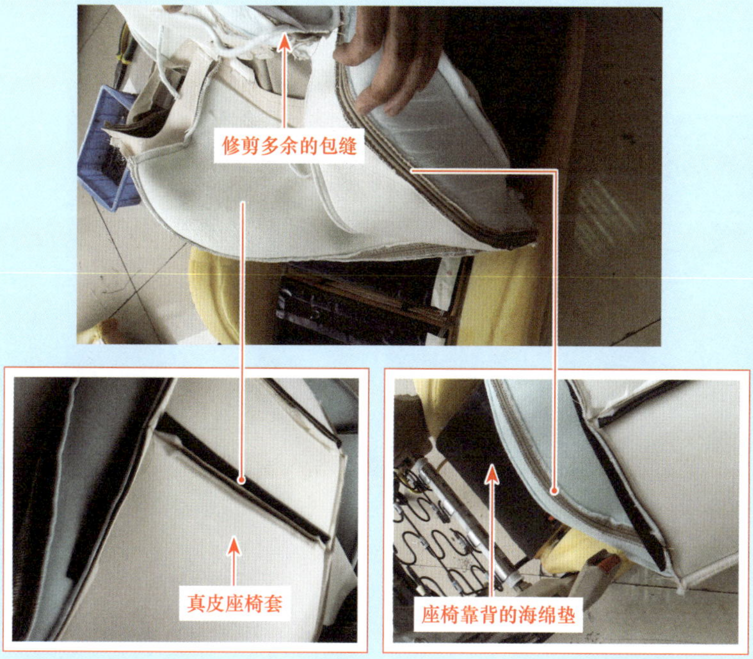

修整靠背真皮座椅套

修整靠背真皮座椅套

（3）将靠背真皮座椅套套入座椅靠背海绵垫，然后将靠背真皮座椅套平铺至靠背海绵上。

套入靠背真皮座椅套

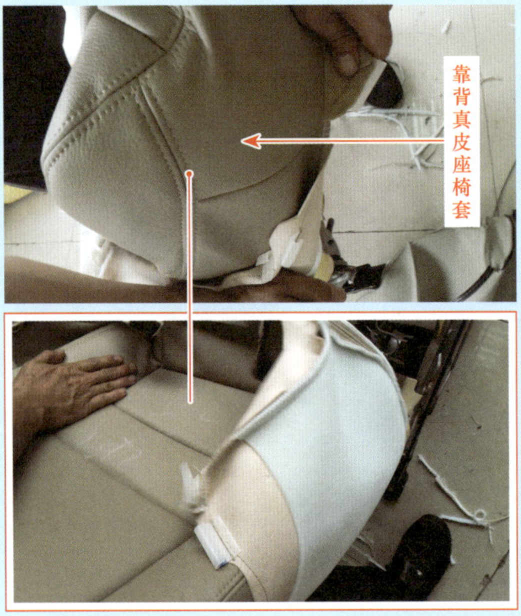

套入靠背真皮座椅套

（4）用专用钳子夹住卡扣，然后将卡扣穿过靠背真皮座椅包缝中的钢丝条，同时将卡扣插入座椅靠背海绵槽的海绵中，再用专用钳子将卡扣夹紧即可。其他每个卡扣采用同样的方法进行安装。

固定靠背真皮座椅套

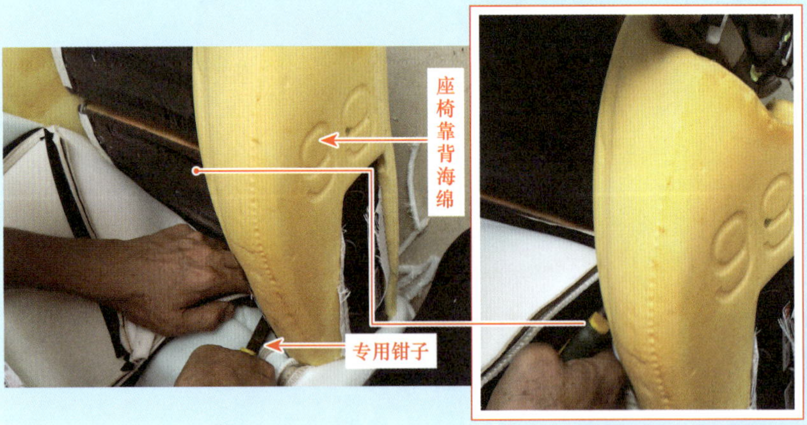

固定靠背真皮座椅套

（5）将靠背真皮座椅套的边沿依次扣紧到座椅支架的背部。

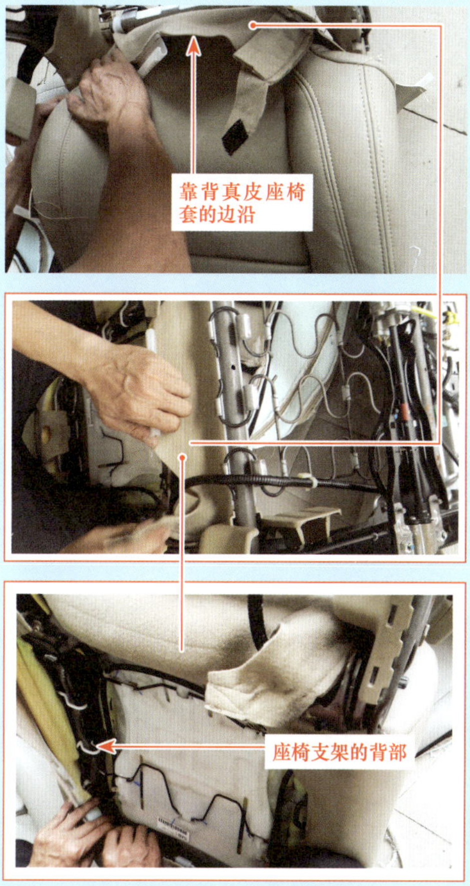

安装靠背真皮座椅套的边沿

安装靠背真皮座椅套的边沿

（6）用剪刀修剪掉底座真皮座椅套多余的包缝，然后在每个包缝中穿入钢丝条。

注意：钢丝条是真皮座椅套与海绵垫固定的关键部件。

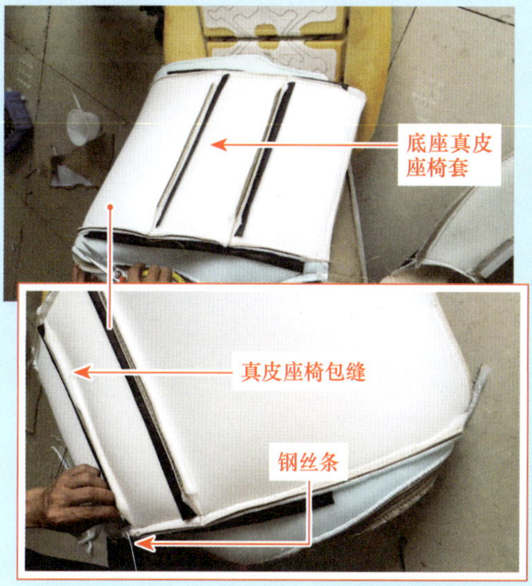

剪掉底座真皮座椅套多余的包缝

剪掉底座真皮座椅套多余的线头

（7）用专用钳子夹住卡扣，然后将卡扣穿过底座真皮座椅包缝中的钢丝条，同时将卡扣插入座椅底座海绵槽的海绵中，再用专用钳子将卡扣夹紧即可。其他每个卡扣采用同样的方法进行安装。

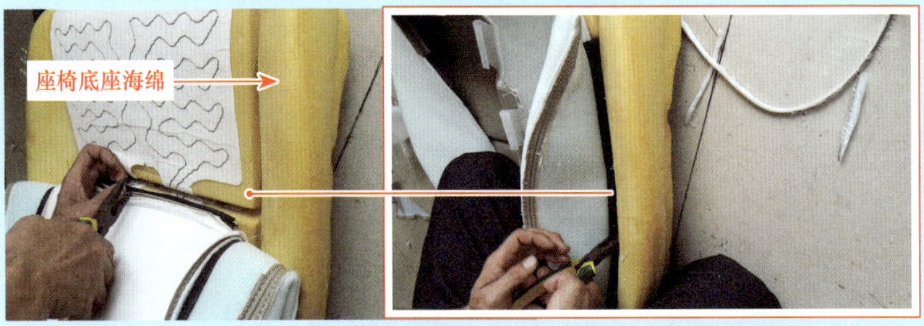

固定底座真皮座椅套

固定底座真皮座椅套

（8）将整个座椅底座装到座椅支架上，然后将底座真皮座椅套的边沿依次扣紧到座椅支架上，最后将座椅的护板安装好就可以完成整个汽车座椅真皮的改装作业。

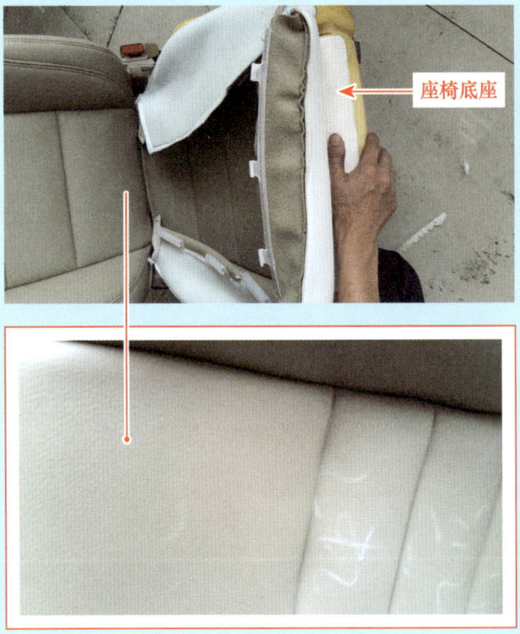

安装座椅底座

安装座椅底座

第 2 章　汽车车身改装

6. 改色贴膜

（1）首先将汽车驶入无尘车间，然后用泡沫清洁剂喷在车身表面，用毛巾将脏污擦拭干净，再用干毛巾将水分擦干。

清洁车身表面

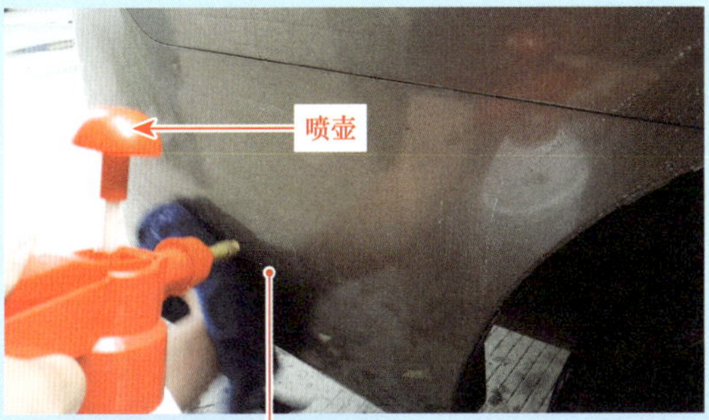

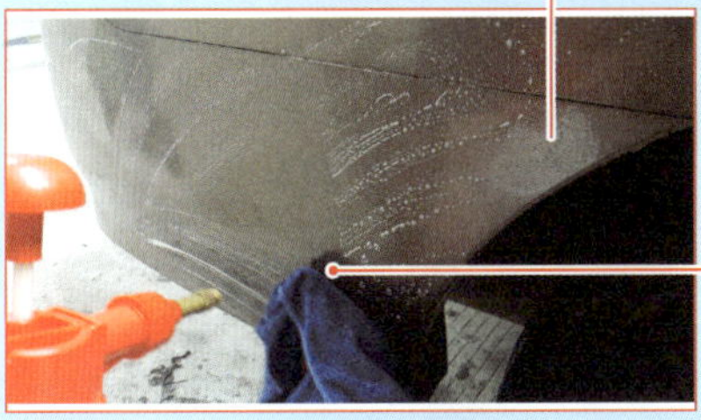

喷泡沫清洁剂

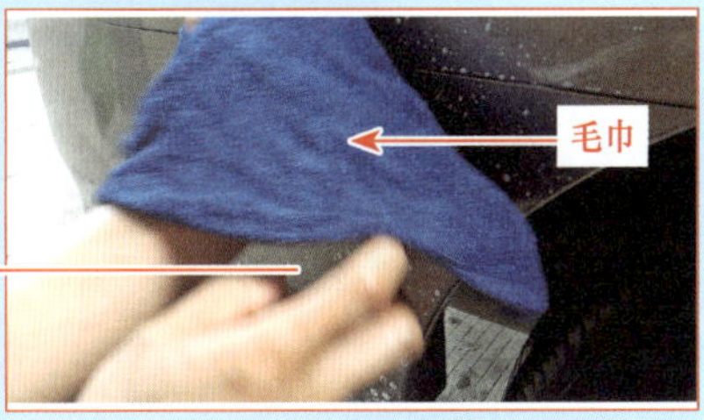

擦拭车身

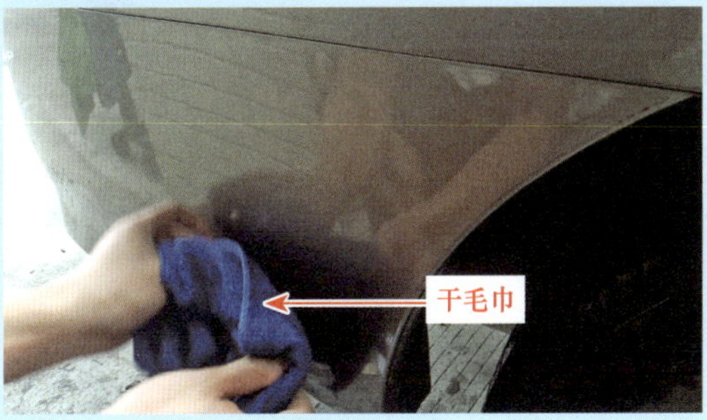

擦拭干净水分

清洁车身表面

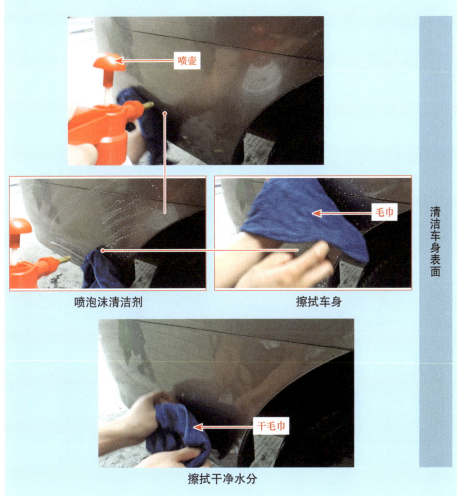

（2）对车身装饰件进行拆卸，然后根据粘贴位置的面积用美工刀裁剪出一块大小合适的改色膜。

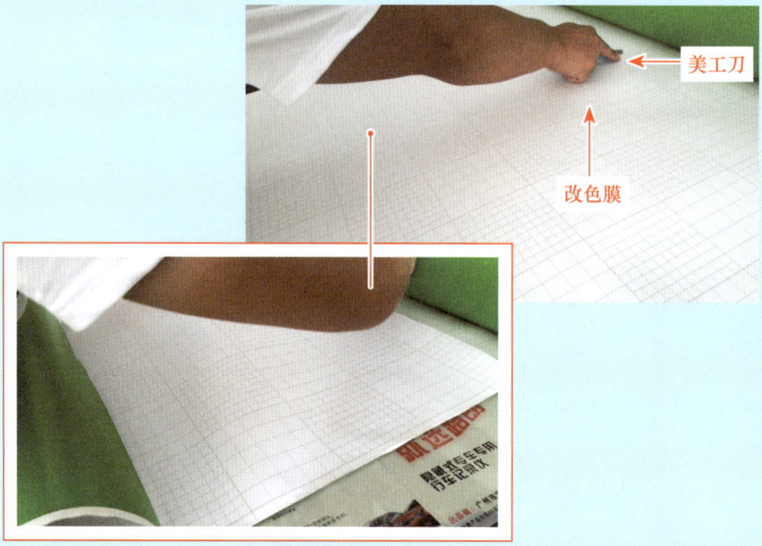

裁剪改色膜

裁剪改色膜

（3）撕开改色膜的保护层，然后将其小心地拉平并粘贴在需要改色的部位。

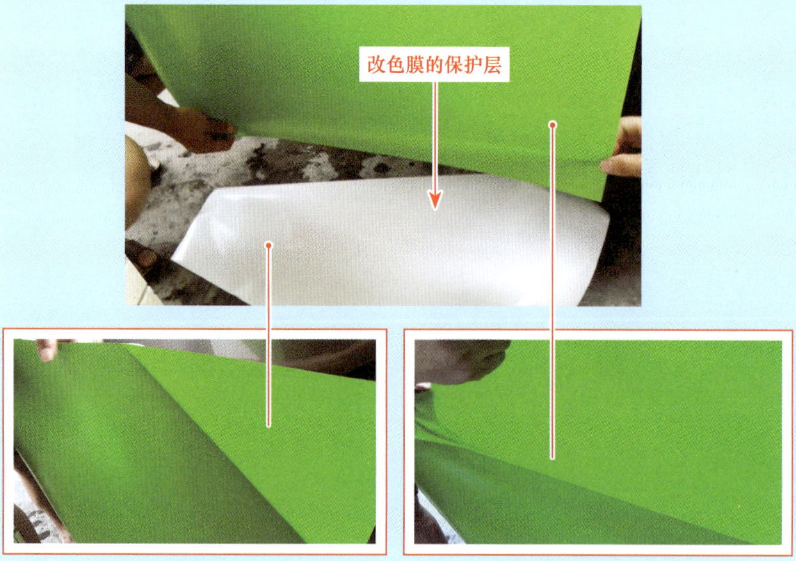

粘贴改色膜

粘贴改色膜

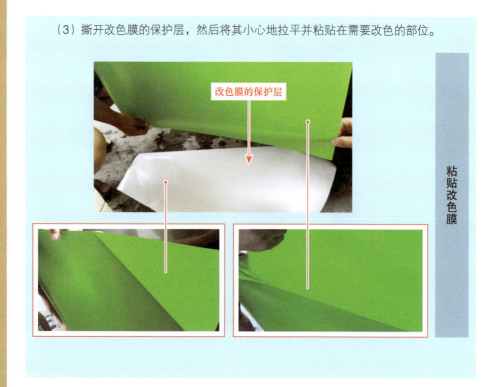

（4）用刮刀刮改色膜，使其更好地贴合车身。如果改色膜没有拉直，则需要再次拉直改色膜后再用刮刀刮平。用同样的方法将整块改色膜刮平即可。

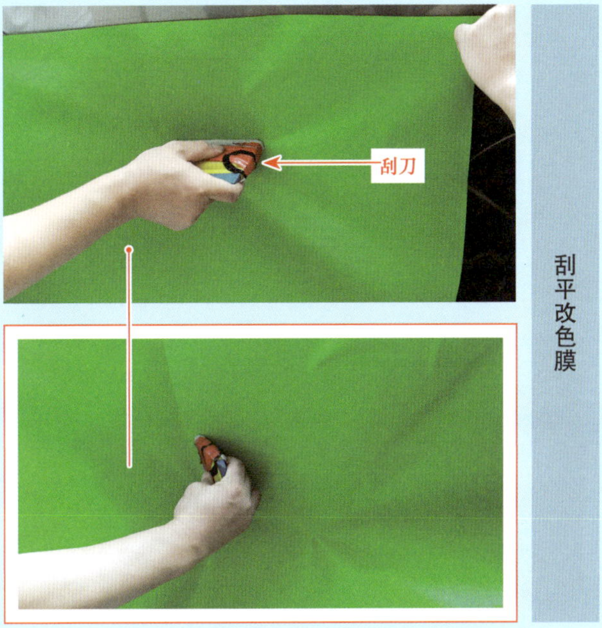

刮平改色膜

（5）用刮板沿着车身的缝隙制作出边沿缝隙。

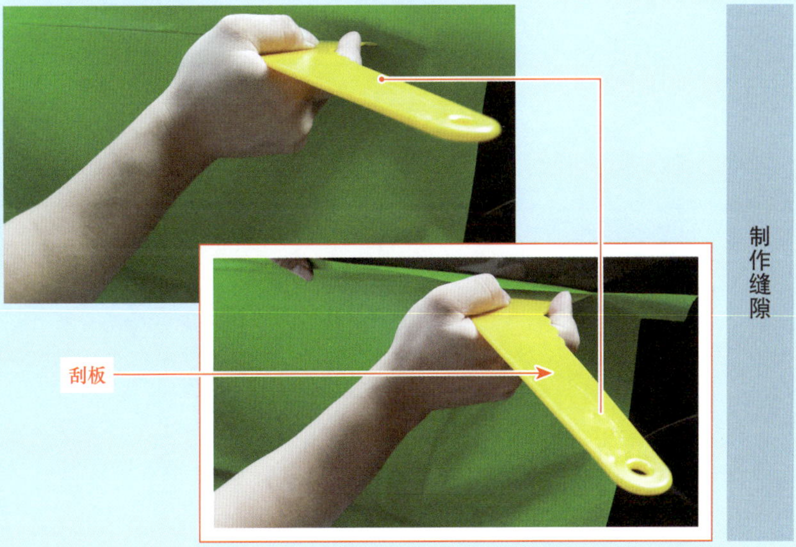

制作缝隙

（6）使用美工刀沿着制作出的边沿缝隙进行精细裁边，然后撕掉多余的改色膜。

精细裁边

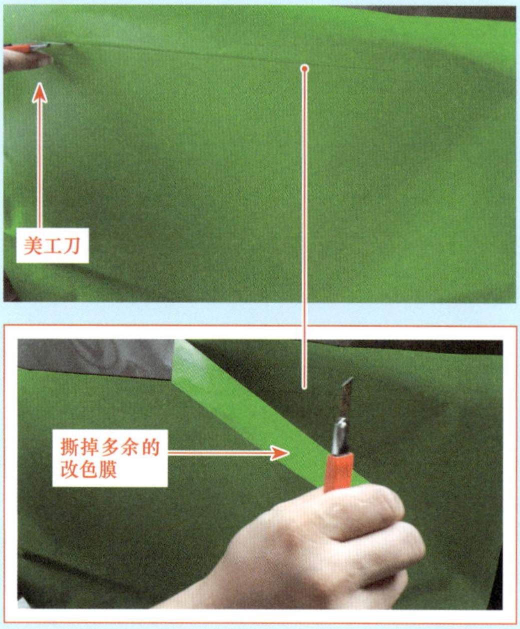

精细裁边

（7）再次使用刮刀对车身的边沿进行收边处理。

边沿收边处理

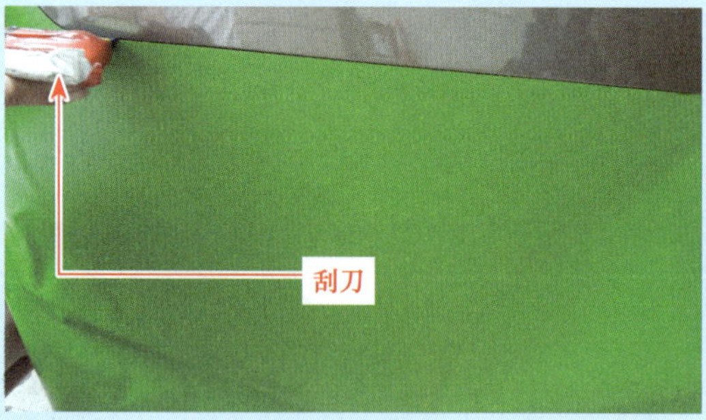

对边沿进行收边处理

（8）用同样的方法对其他边沿进行收边处理。注意：对于 4 个车门以及车顶之处需要把边收到胶条里面。

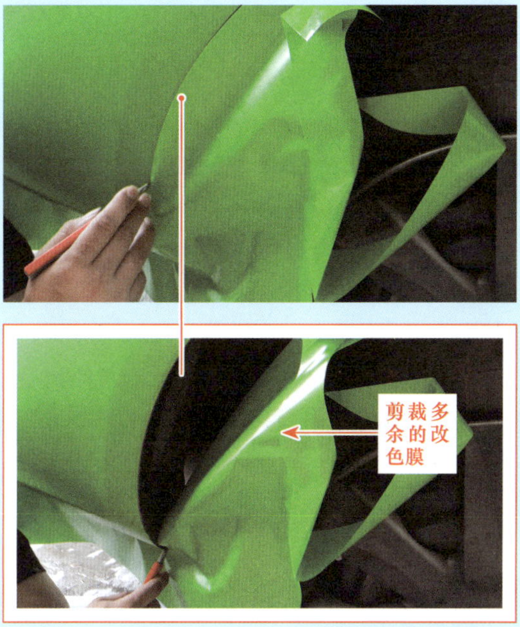

收边处理

轮弧边沿处理

（9）使用热风枪对改色膜进行加温，软化改色膜，同时抹平改色膜让其轮廓更加明显。用同样的方法对整个车身进行贴膜，直到施工完成为止。

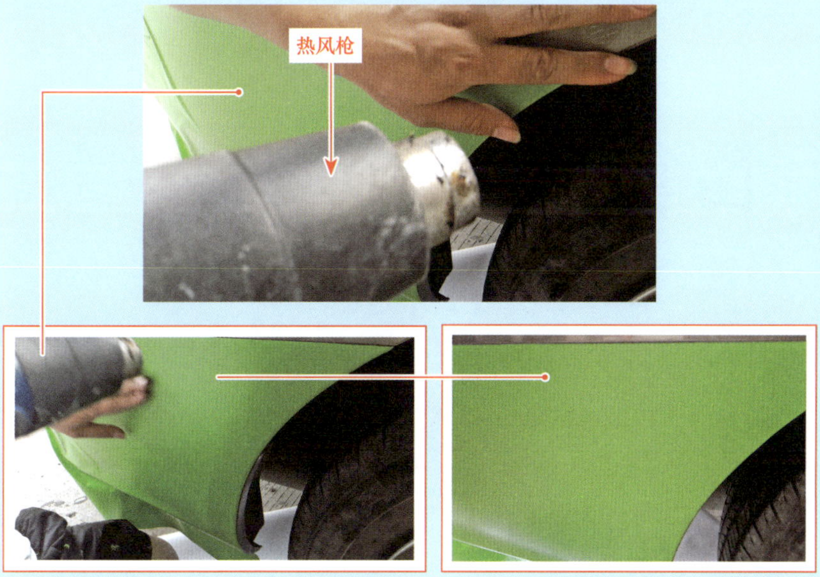

收边处理

加温并抹平改色膜

相关知识

车身改色膜有许多不同颜色，主要根据车主的喜好来选择，以整体覆盖粘贴的方式改变全车或局部外观的颜色，实现车身炫幻的色彩，从而满足改装爱好者的要求。

炫幻的车身色彩鉴赏

7. 改装中网

（1）首先准备好改装车型对应的中网。

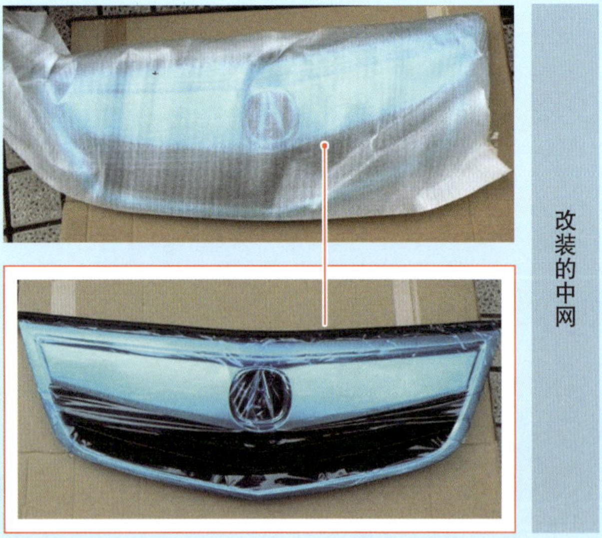

（2）打开汽车发动机舱盖，然后拆下中网上面的前围板。

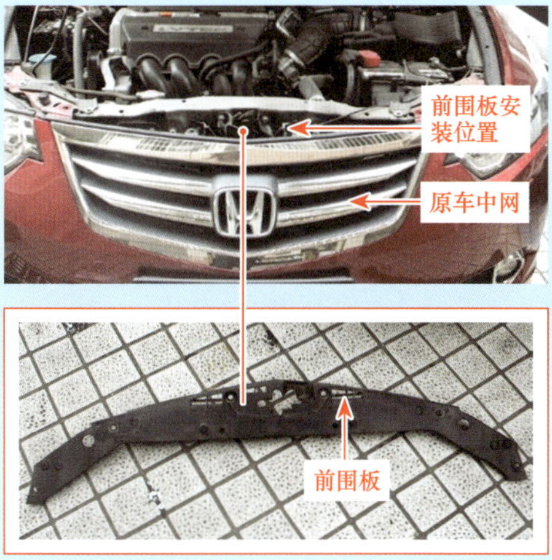

拆卸前围板

（3）拆下中网两边的螺栓，然后把原车中网从前保险杠上拉出来。

原车中网

（4）将新的中网装到前保险杠上，必须用螺栓固定好中网，以防中网掉落。

安装新中网

（5）按照相反的顺序安装好中网上面的前围板。

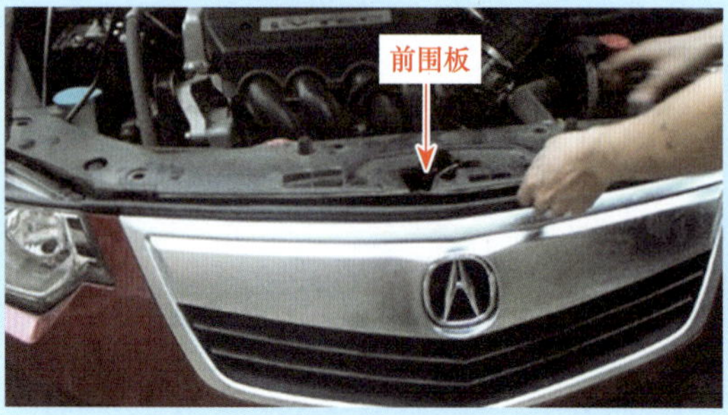

安装前围板

（6）安装完成后再检查一遍中网的牢固程度，确保中网安装到位。

安装好的中网

8. 加装包围

（1）首先准备好与车型相对应的包围（包围包括前包围、后包围和侧包围），然后由 2 名技师分别将前包围定位在前保险杠的左、右两侧。

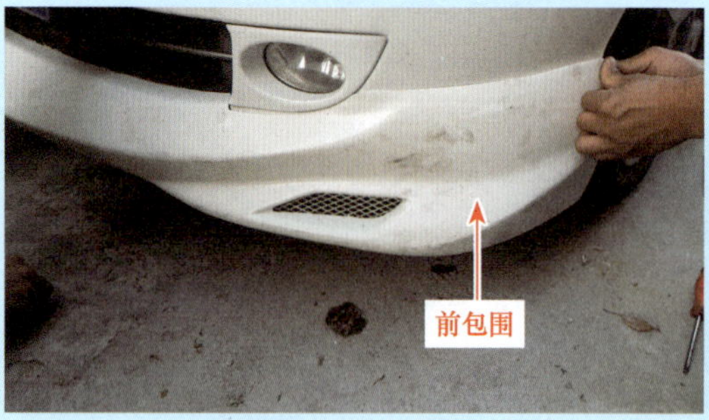

前包围定位

（2）在定位位置用自攻螺钉将前包围的左侧钻一个安装孔，然后用螺钉将前包围的左侧固定在前保险杠的内侧位置，同时用十字槽螺钉旋具将螺钉拧紧。

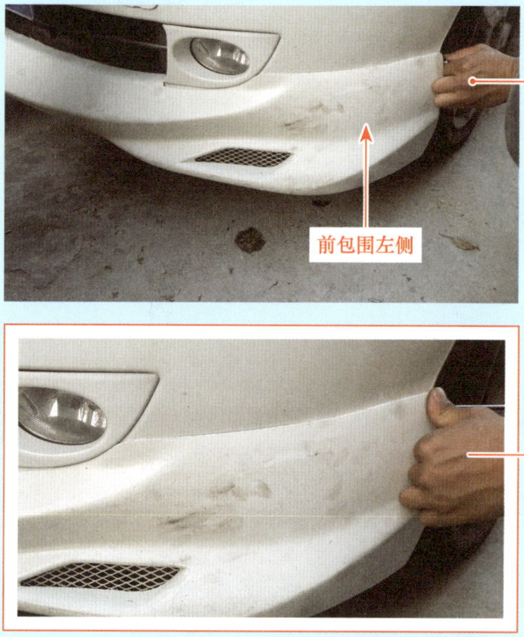

用螺钉固定前包围的左侧

固定前包围的左侧

（3）将前包围的右侧用螺钉固定在前保险杠的内侧位置，同时用十字槽螺钉旋具将螺钉拧紧。

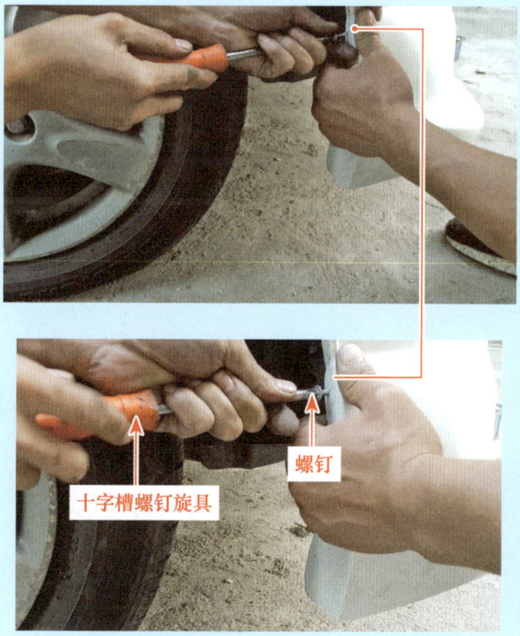

用螺钉固定前包围的右侧

固定前包围的右侧

（4）图为前包围安装好的效果。

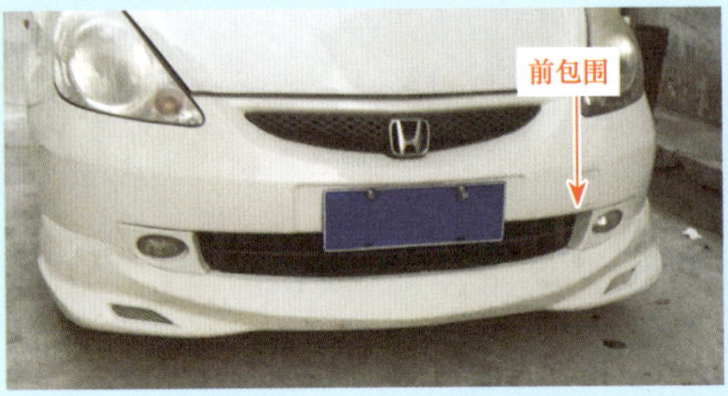

安装前包围后的效果

（5）由2名技师同时将侧包围定位在右边门槛板下的前、后两端，然后用螺钉将侧包围固定在门槛板的内侧位置即可。左侧侧包围的安装方法与右侧侧包围安装方法相同。

安装右侧侧包围

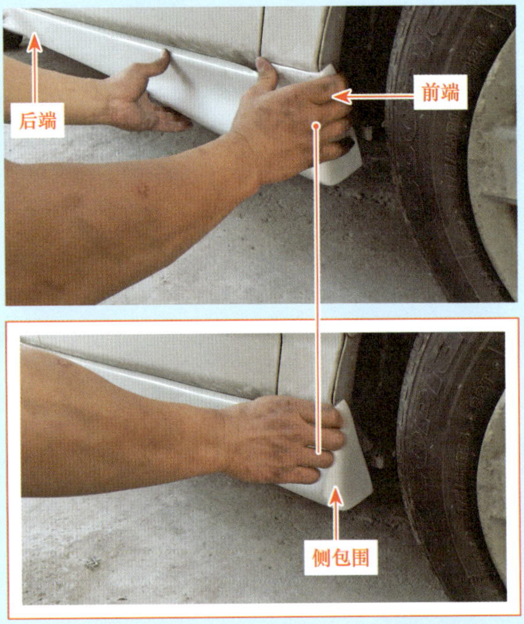

安装右侧侧包围

（6）后包围的安装方法同前包围的安装方法相同，都是在左右两边用螺钉将其固定住。

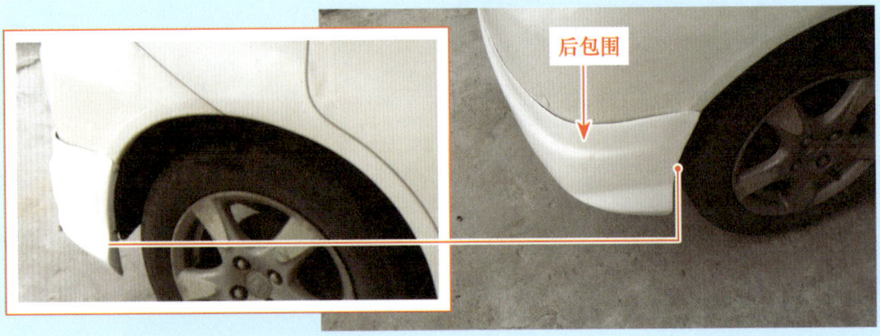

安装后包围

9. 防撞架的改装

（1）首先拆下前保险杠，然后用螺栓将前防撞架安装在左右纵梁的端部。

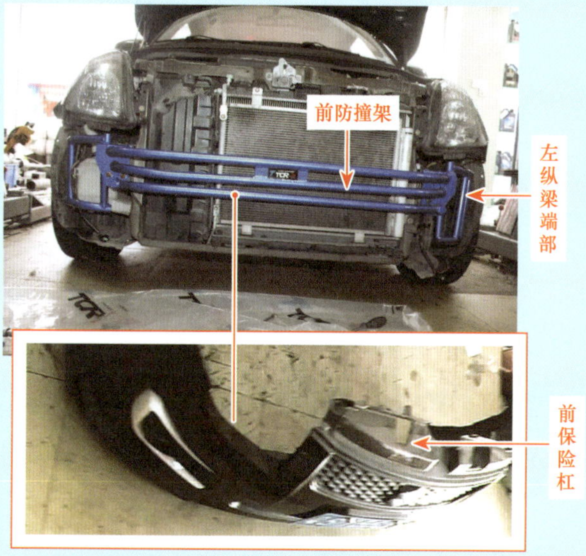

安装前防撞架

（2）拆下左右两边的翼子板，然后在翼子板的内侧板上安装好三角防撞钢架。

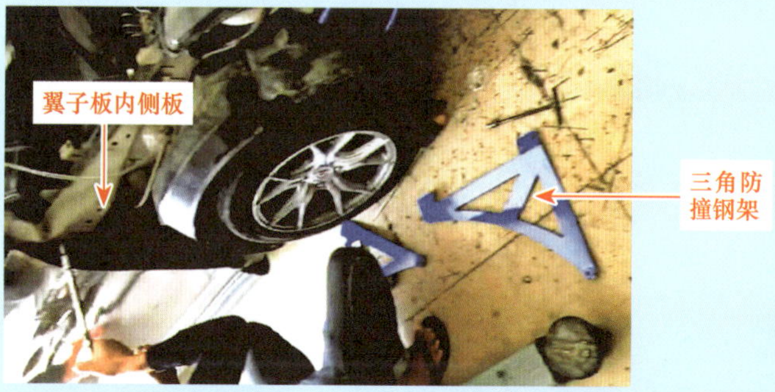

安装三角防撞钢架

（3）拆开后保险杠，然后拆下后防撞梁，用螺栓在后防撞梁的安装孔处将后防撞架安装牢固。最后将前后保险杠及左右翼子板安装好。

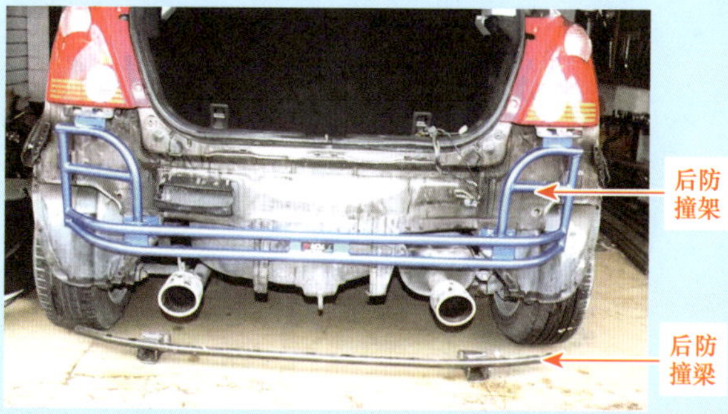

安装后防撞架

10. 车身尾翼的改装

（1）首先准备好车型匹配的车身尾翼。

车身尾翼

（2）把车身尾翼放置在行李箱盖上，然后确定安装位置，用红色笔做好安装标记。

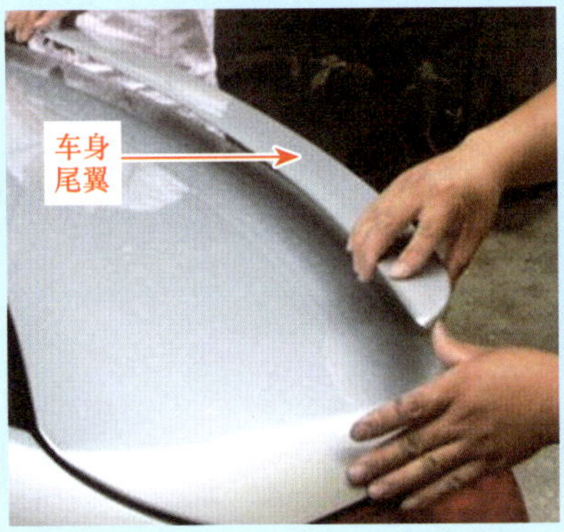

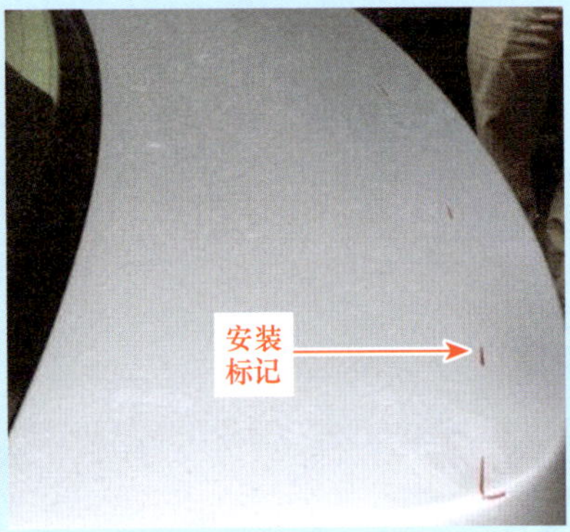

安装位置确定

（3）在车身尾翼的背面撕开粘胶保护层，同时在车身尾翼的背面涂上一层玻璃胶。

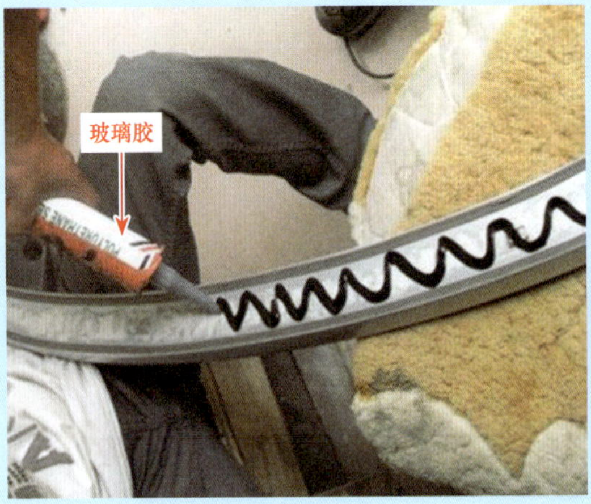

在车身尾翼的背面涂玻璃胶

（4）将车身尾翼粘贴在行李箱盖上，并用力压紧车身尾翼，再用热风枪加热车身尾翼使其粘贴更加牢固。

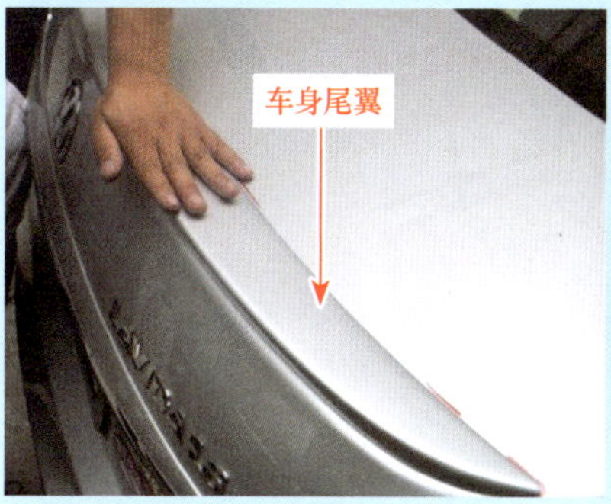

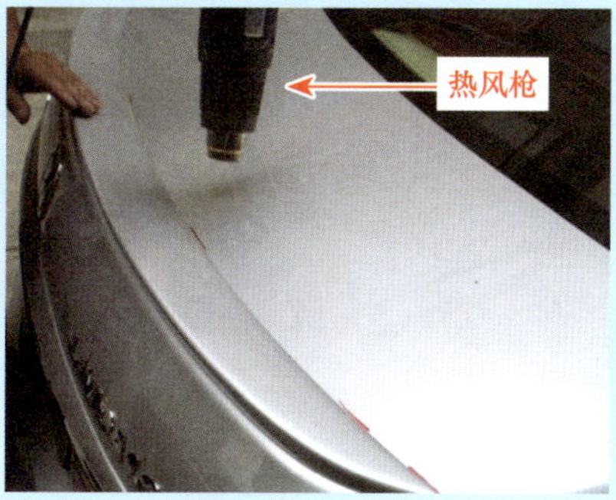

粘贴车身尾翼

（5）用透明胶将车身尾翼与行李箱盖粘接，当车身尾翼的玻璃胶固化后，再将透明胶撕下并将车身尾翼清洁干净。

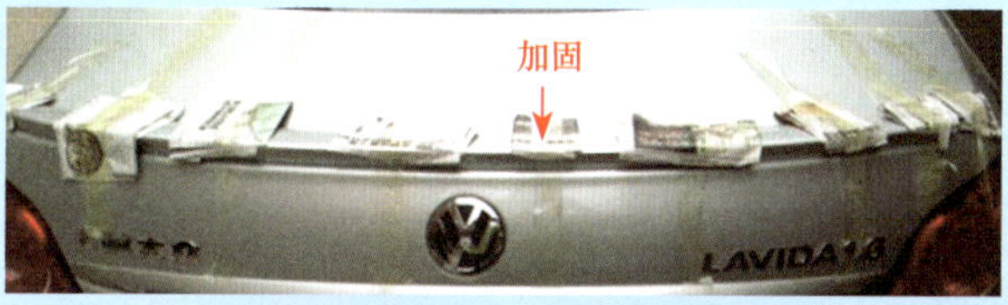

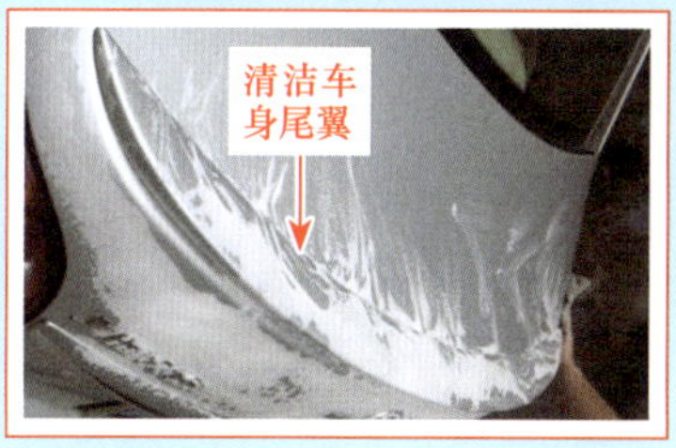

加固车身尾翼

11. 车身贴拉花

（1）在粘贴部位喷上泡沫清洁剂，然后彻底清洁拉花粘贴部位，特别是附在车身上的油污。

（2）在粘贴前，先确定好左右位置，做好记号。采用贴车身膜的方法，用专用的喷水壶，加入清水，加入适量的洗洁精或者是贴膜液以起到适当的润滑作用，方便拉花在车身上挪动。

（3）均匀喷涂车身，一边撕掉拉花背面的保护膜，一边向拉花喷水，以免拉花粘连。将拉花贴在事先确定的位置，做适当挪动，调整好位置后，用刮板施以适当的力度，挤干拉花里面的水分，直到拉花和车身之间没有水分和气泡为止。

车身贴拉花

（4）撕掉车身贴正面的保护膜即可完成车身贴拉花的作业。

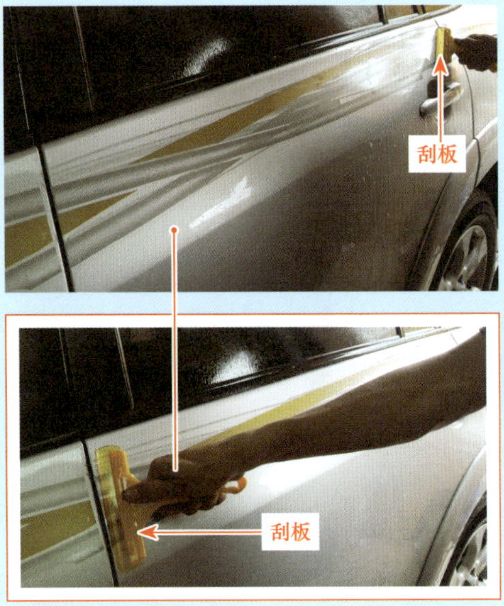

车身贴贴拉花

12. 安装挡泥板

（1）首先准备好 4 块挡泥板，包括左前、右前、左后、右后挡泥板。

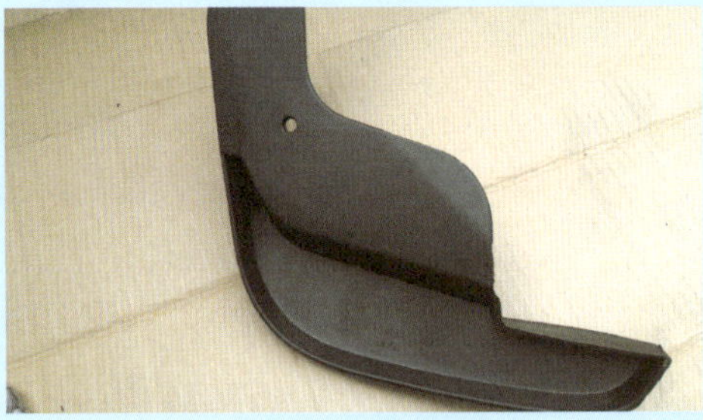

挡泥板

（2）起动发动机，然后向左转动转向盘以便留出安装空间，将左前挡泥板放置在左前翼子板侧面进行比对，确定安装位置。

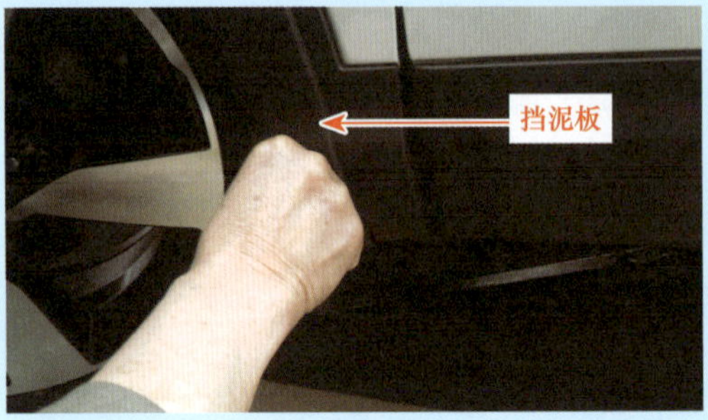

确定左前挡泥板安装位置

（3）用两颗螺钉将左前挡泥板固定在左前翼子板侧面。

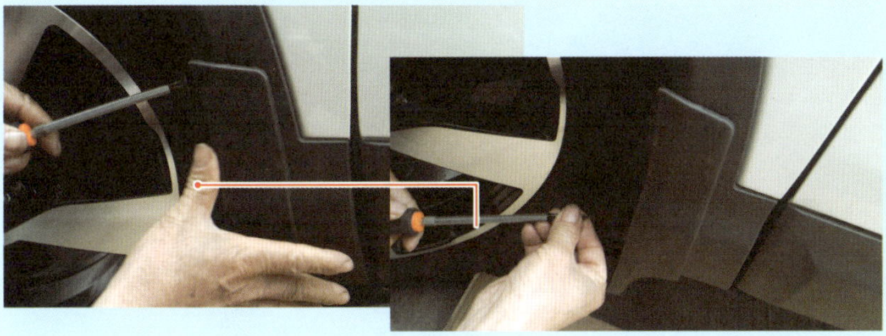

拧紧两颗紧固螺钉

安装左前挡泥板

（4）图为左前挡泥板安装好的效果。

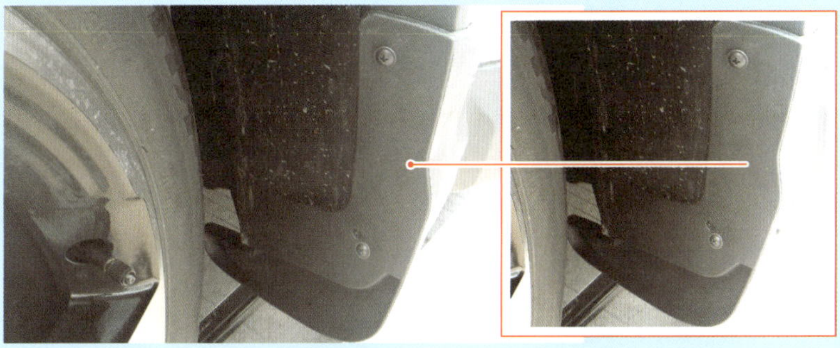

安装好左前挡泥板

（5）向右转动转向盘以便留出安装空间，然后将右前挡泥板放置在右前翼子板侧面进行比对，确定正确的安装位置。

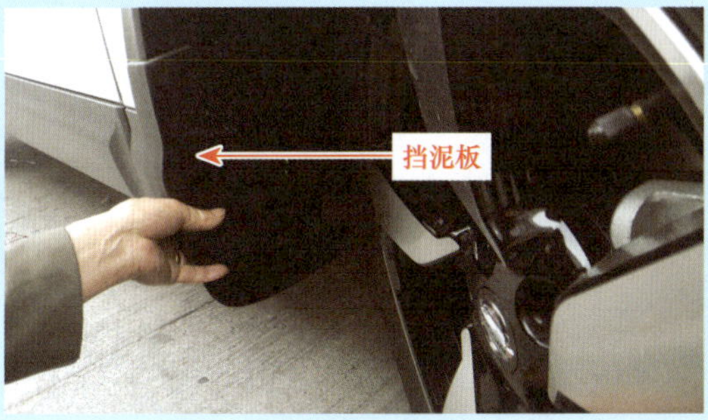

确定右前挡泥板安装位置

安装右前挡泥板

（6）用两颗螺钉将右前挡泥板固定在右前翼子板侧面。

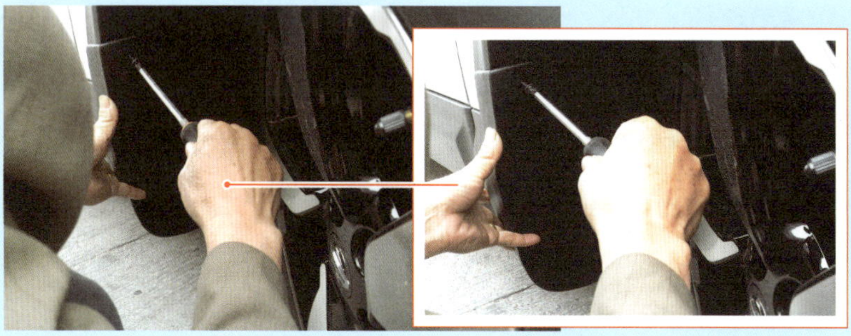

拧紧两颗紧固螺钉

（7）图为右前挡泥板安装好的效果。其他 2 个挡泥板采用相同方法固定。

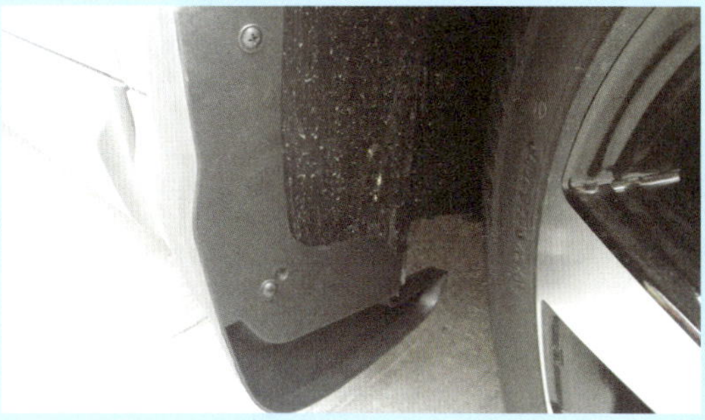

安装好右前挡泥板

13. 安装前保险护杠

（1）首先准备好与原车匹配的前保险护杠。

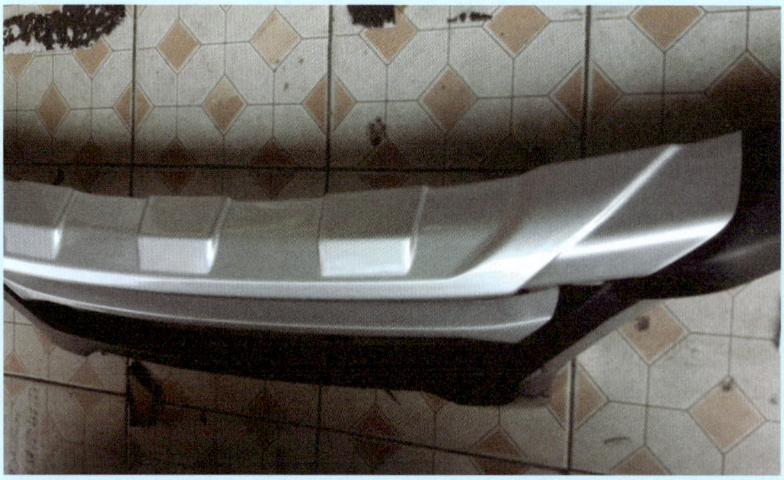

前保险护杠

（2）用电钻将前保险护杠的安装孔塑料封钻穿。

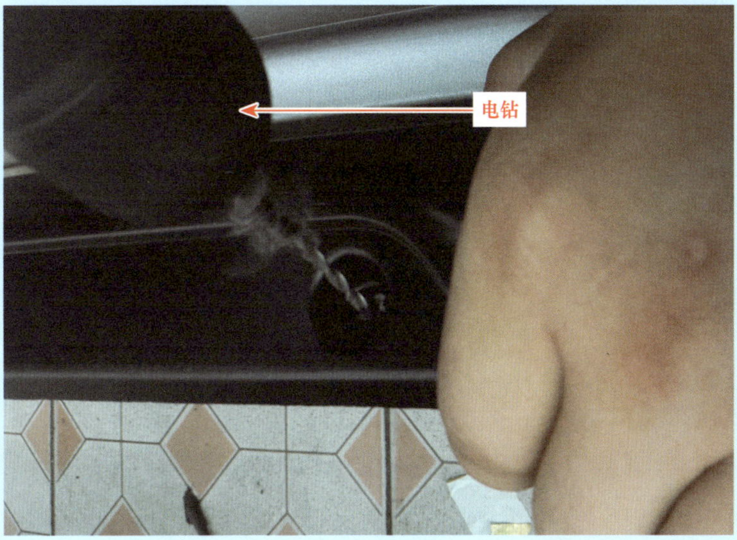

钻穿安装孔塑料封

钻穿安装孔塑料封

（3）将前保险护杠固定在前保险杠上规定位置。

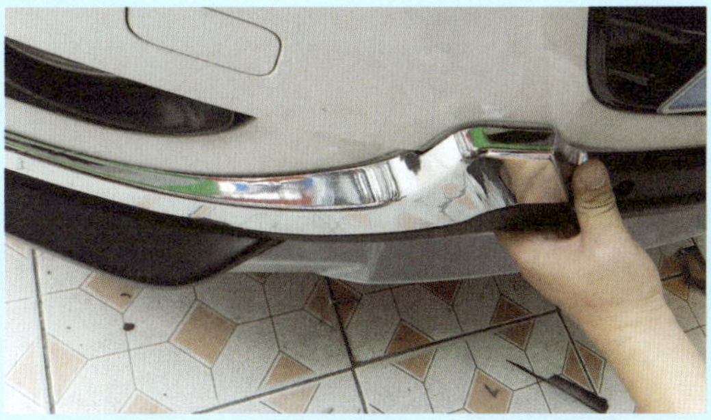

固定前保险护杠

（4）用螺钉紧固前保险护杠侧面和下边，然后盖好安装孔塑料盖即可完成前保险护杠的安装。

用螺钉紧固前保险护杠

紧固前保险护杠

14. 安装雨挡

（1）首先用干净的毛巾将雨挡安装位置清洁干净，然后撕开雨挡底部的粘接保护层，将雨挡粘接牢固。

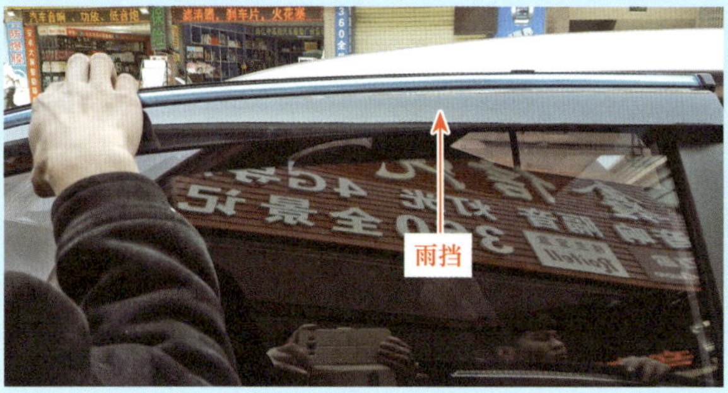

粘接雨挡

（2）将雨挡表面的保护层撕掉即可完成雨挡的安装。其他 3 个车窗的雨挡均采用同样的方法进行安装。

安装雨挡

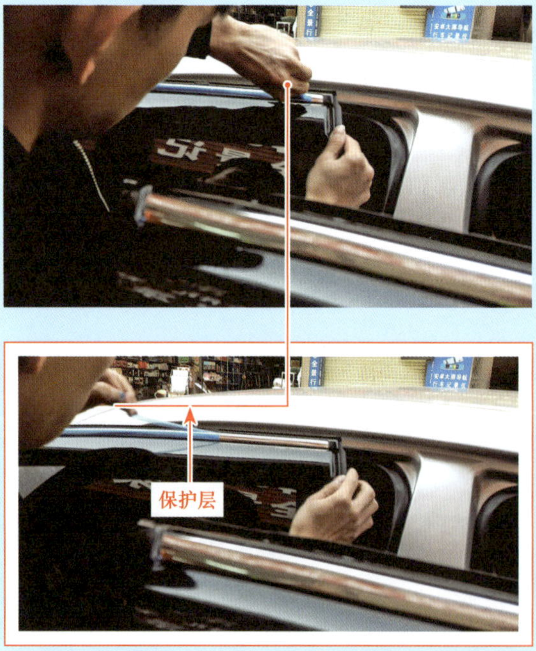

撕开雨挡表面保护层

15. 加装车窗亮条

（1）首先用干净的毛巾将车窗的安装位置清洁干净，然后撕开车窗亮条底部的粘接保护层并沿着车窗粘接亮条。

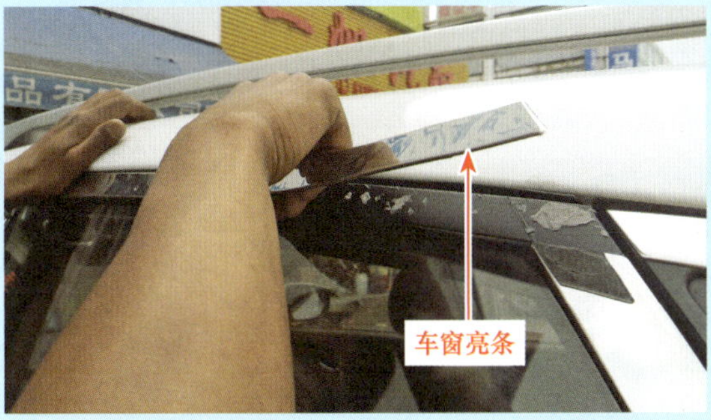

沿着车窗粘接亮条

（2）施加压力将车窗亮条粘接牢固，然后将车窗亮条表面的保护层撕掉即可完成车窗亮条的安装。

车窗亮条

加装车窗亮条

16. 改装门拉手

改装门拉手就是在拉手和门碗上粘贴上高档亮丽的不锈钢拉手门碗贴。粘贴时，首先用抹布将拉手门碗擦拭干净，然后将拉手门碗贴放在所需安装的部位调整好，确定安装的位置后，撕下 3M 双面胶的红膜进行粘贴。粘贴后需适当用力按压，以保证背胶的充分接触。

前门改装门拉手效果

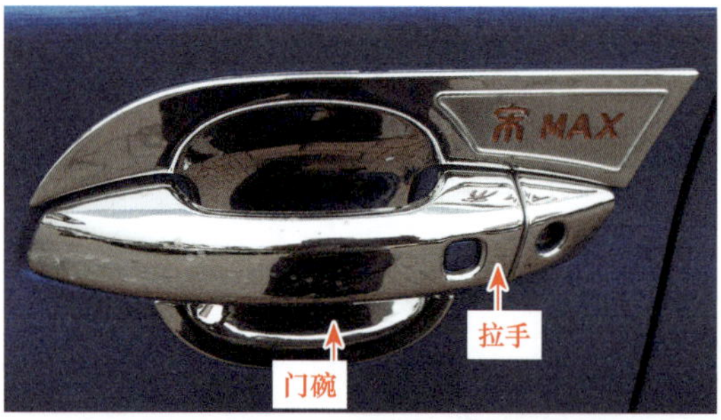

后门改装门拉手效果

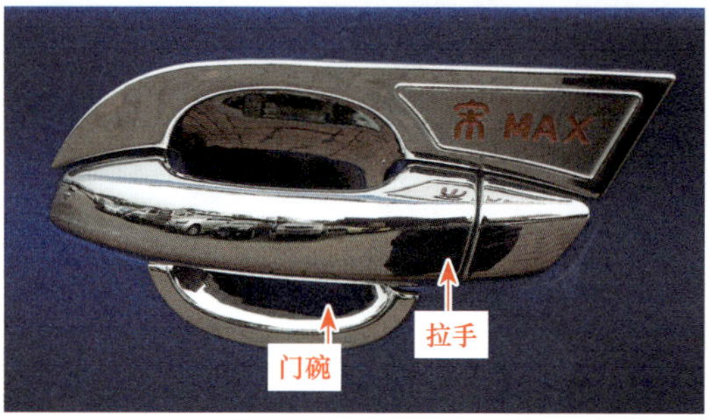

改装门拉手效果

第 3 章　汽车发动机改装

17. 发动机空气滤清器改装

（1）首先准备好一套与原车型匹配的进气蘑菇头及进气软管等部件。

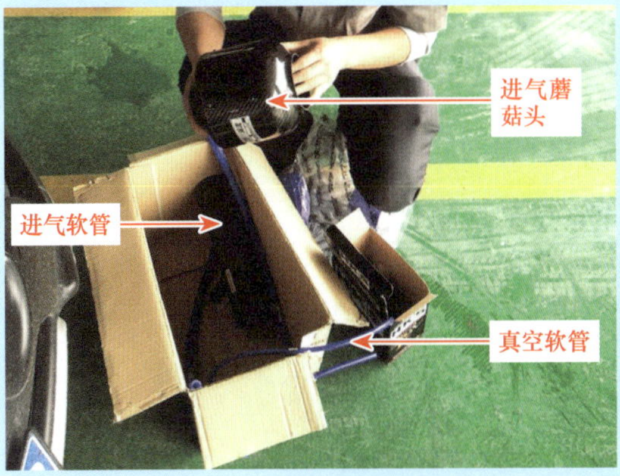

进气蘑菇头

（2）拆卸空气滤清器总成，然后拆下进气软管。

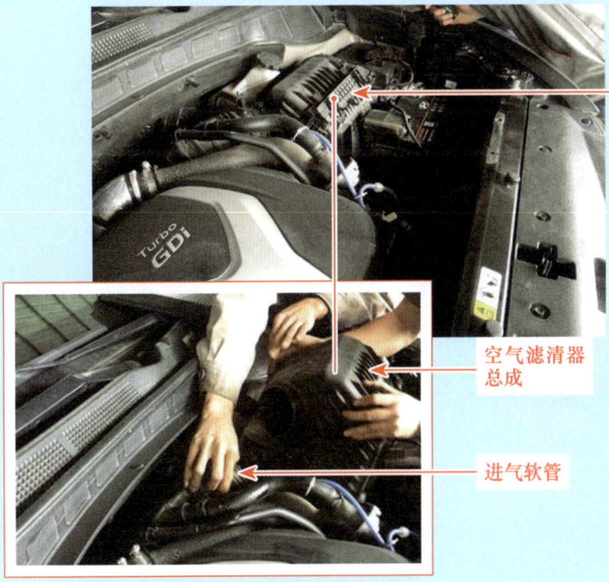

拆卸空气滤清器总成

（3）将进气软管与进气蘑菇头的软管进行比对，确保传感器的安装位置不变，然后将进气蘑菇头和进气软管试装连接起来。

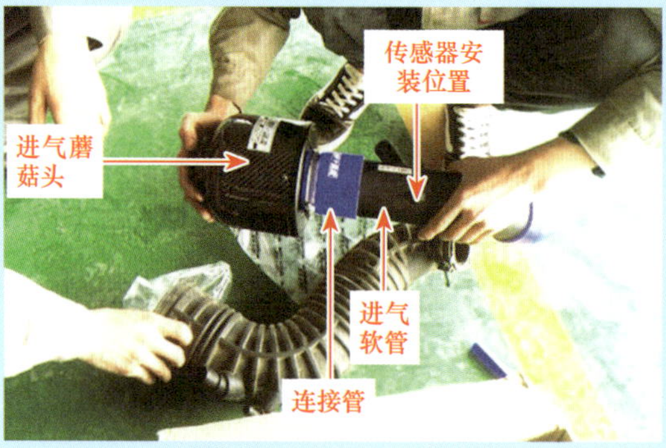

位置比对

（4）将增压泵接口管直接套上进气底管。

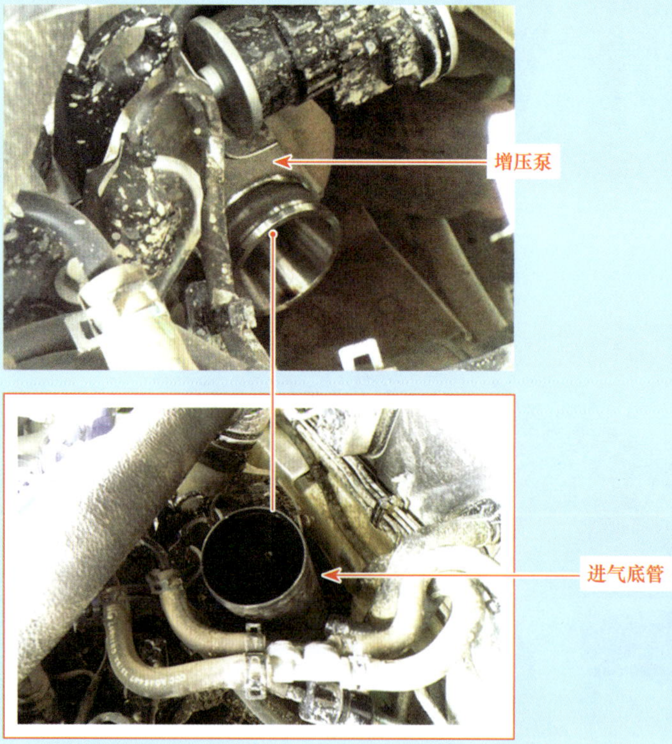

安装进气底管

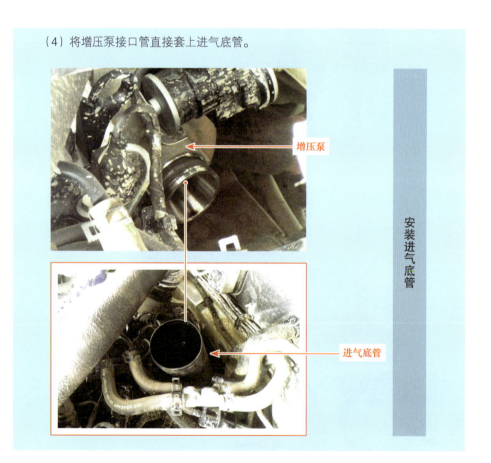

（5）将进气底管上的传感器安装好，然后将回压管按照原来的位置安装好。

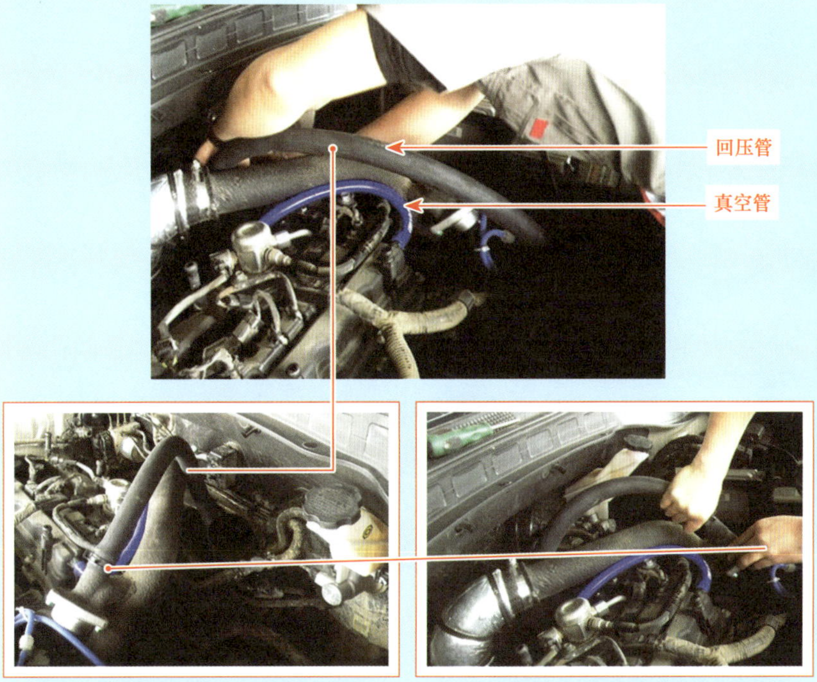

安装回压管

（6）在进气底管上安装进气蘑菇头连接管，然后套上进气蘑菇头。

安装进气蘑菇头

（7）将进气蘑菇头在发动机舱内固定，然后起动发动机，确保发动机工作正常即可。

固定进气蘑菇头

18. 发动机进气集风箱改装

（1）拆卸空气滤清器总成，然后拆卸进气温度传感器和流量传感器，再将进气软管拆下。

拆卸空气滤清器

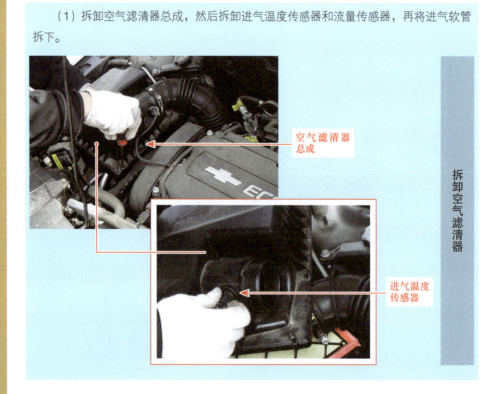

（2）在集风箱里面安装上冬菇头安装管，然后将冬菇头安装至冬菇头安装管上。

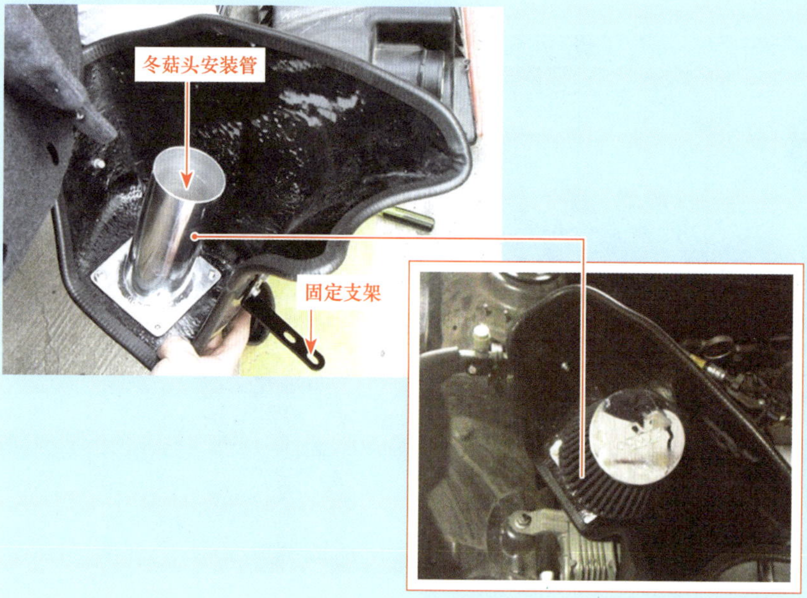

集风箱

（3）安装连接节气门的软管，然后装入空气流量传感器。

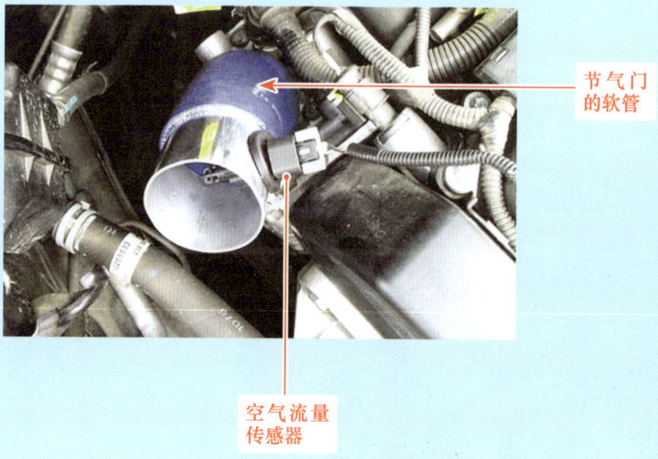

连接节气门的软管

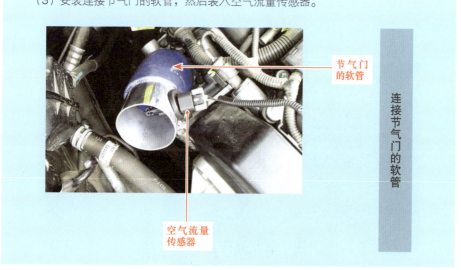

（4）将集风箱连接上，然后安装好进气温度传感器，最后将集风箱在发动机舱内固定即可。

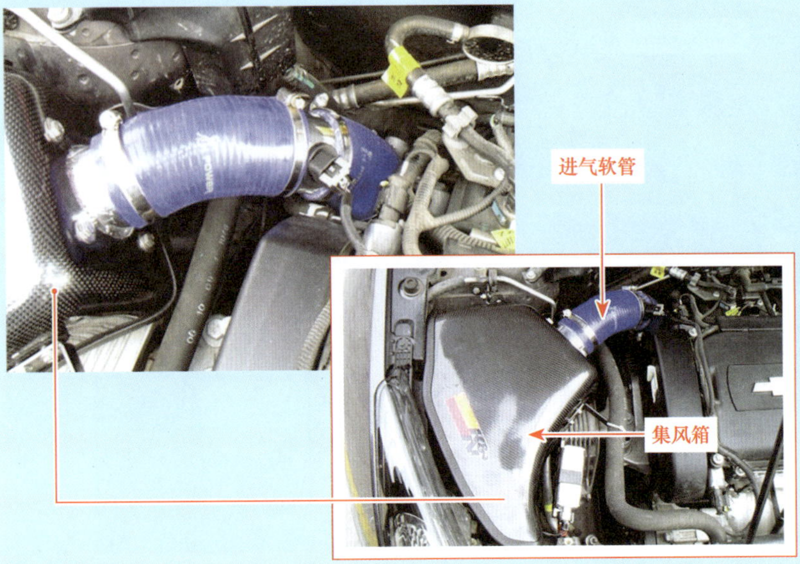

安装好集风箱

19. 发动机涡轮增压改装

（1）首先关闭点火开关，然后打开发动机舱盖，从节气门体上拆出原车进气软管。

拆卸原车进气软管

（2）将电动涡轮及进气管道安装至节气门体上。

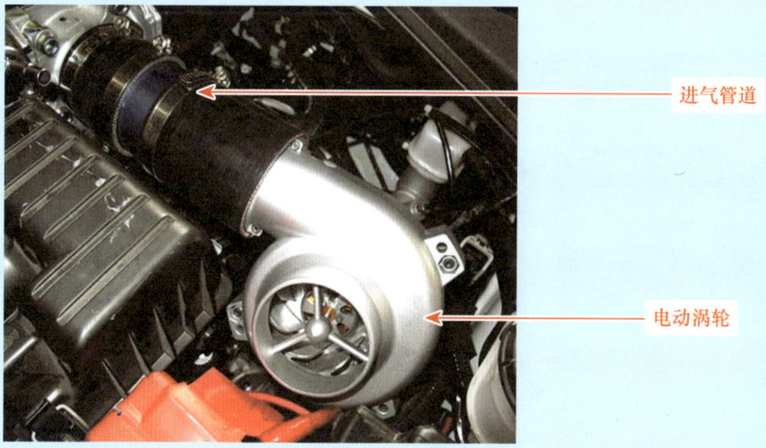

安装电动涡轮

（3）根据说明书连接好电动涡轮控制器的节气门控制线、点火信号控制线及电源线等。

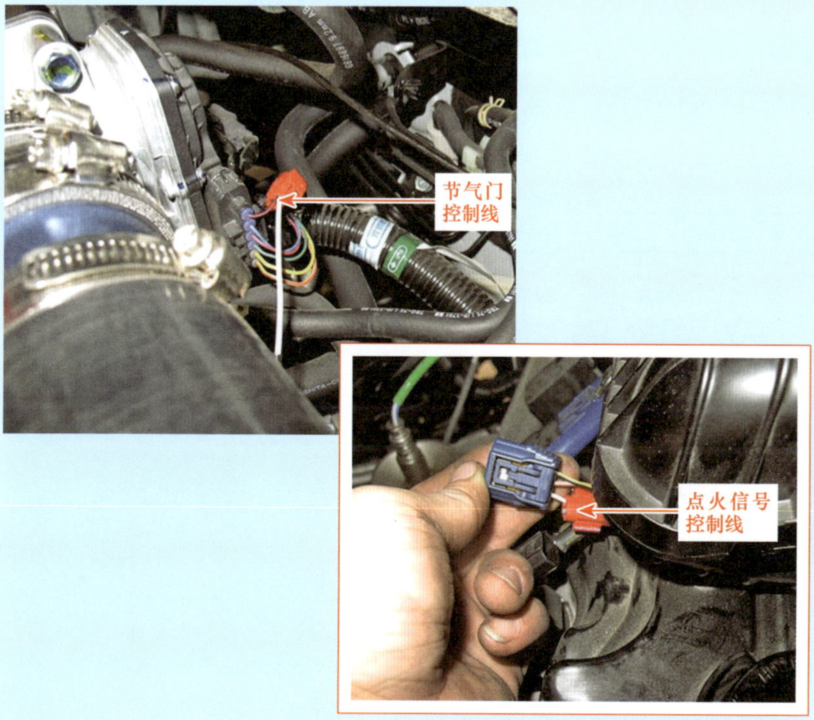

安装控制线路

（4）连接上电动涡轮的进气软管，然后将电动涡轮控制器用扎带固定好即可完成安装。

安装进气软管

相关知识

安装电动涡轮后，发动机进气气流和压力变大，使氧气和汽油混合更加均匀，让发动机充分燃烧，从而达到增加发动机动力的目的。

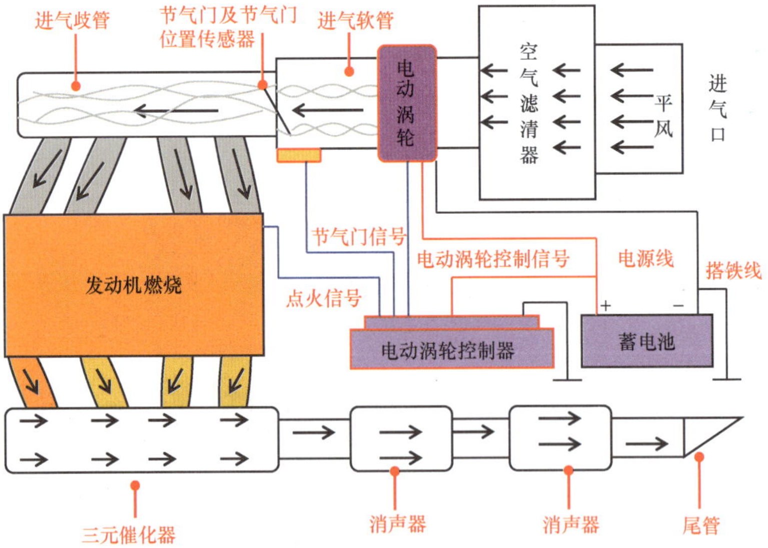

安装电动涡轮部件简化示意图

20. 三元催化器改装

（1）首先从汽车底盘上拆下旧的三元催化器，然后用正常的三元催化器将它替换。

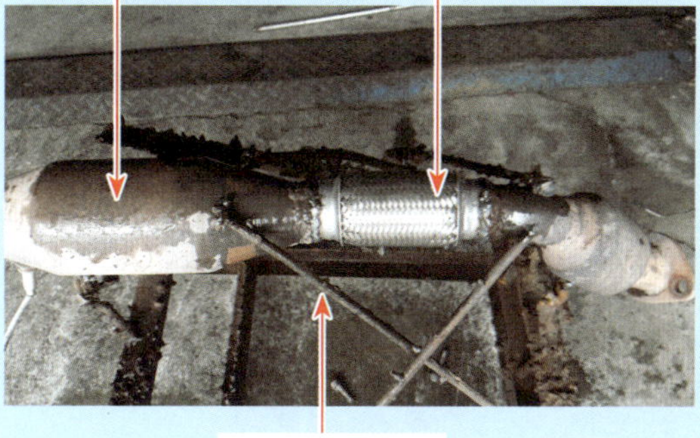

焊接好三元催化器

（2）用专用的密封胶涂抹在垫圈口上，然后将垫圈安装在排气管上。

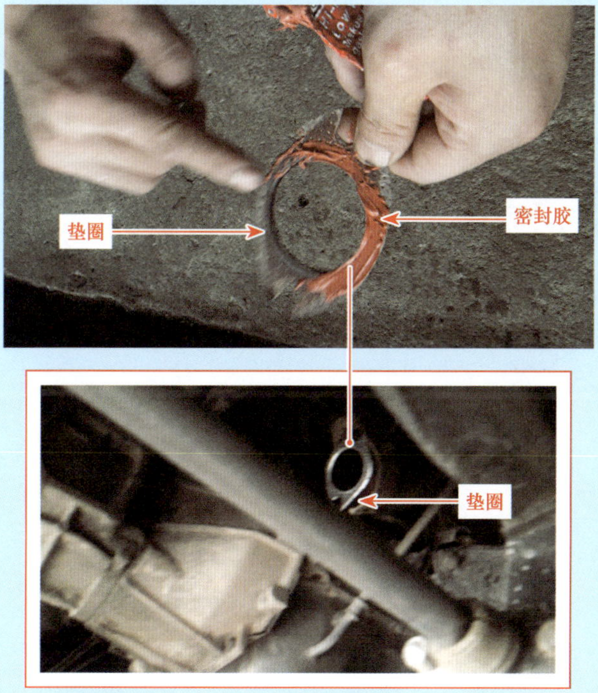

安装垫圈

（3）装上三元催化器，然后将排气管与三元催化器固定螺栓拧紧。

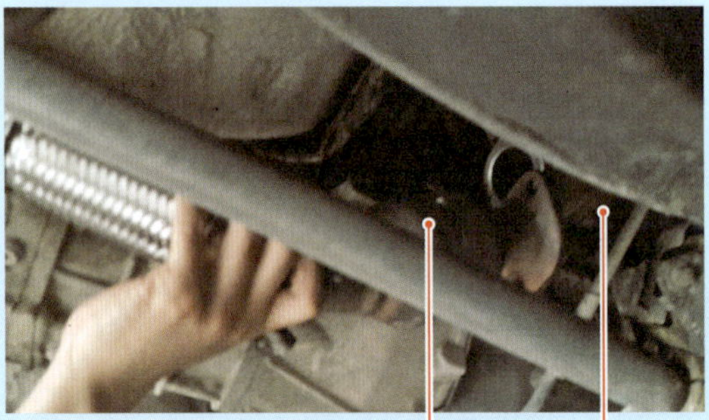

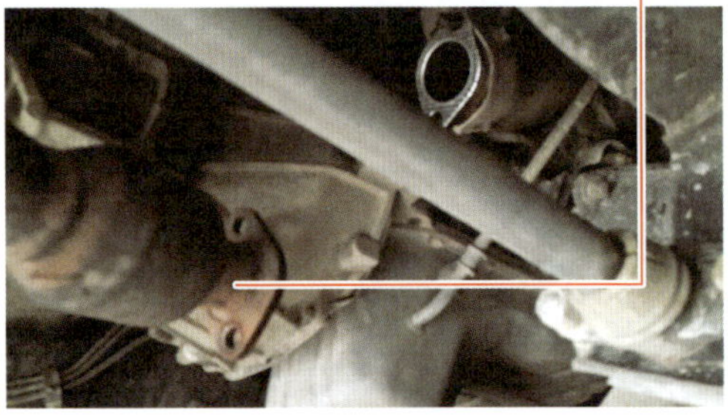

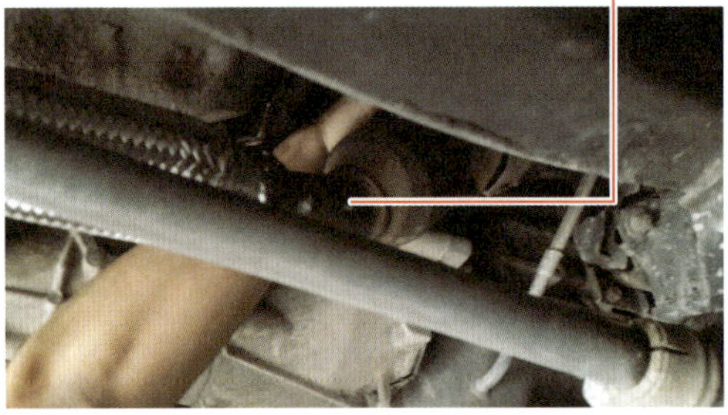

安装好三元催化器

安装好三元催化器

21. 双管排气改装

（1）首先准备好加装车辆所需要的双管排气管。

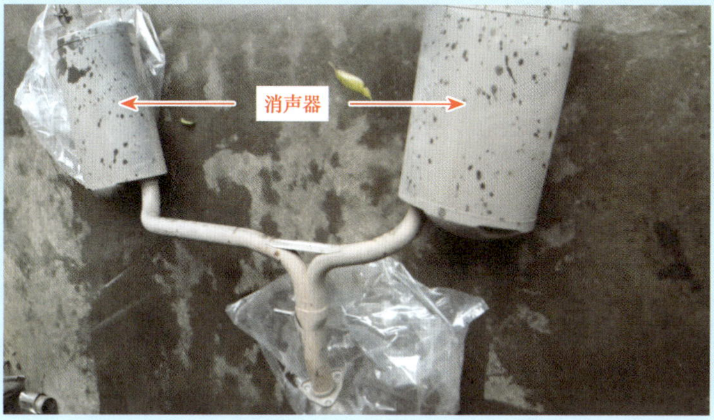

双管排气管

（2）根据安装位置的需要将双管排气管多余的吊钩用砂轮机切掉。

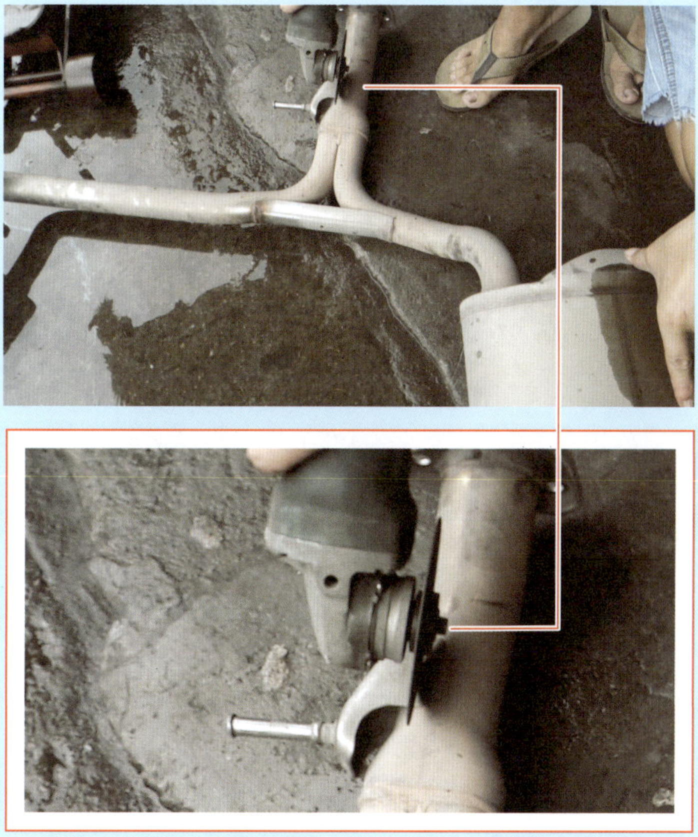

修整双管排气管

修整双管排气管

（3）测量加装双管排气管的尺寸，然后确定接口位置，用砂轮机将原车后段的排气管切断。

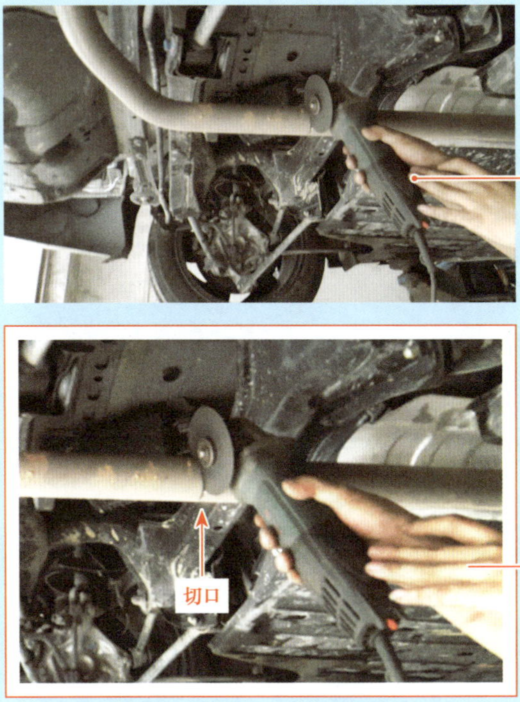

切断原车排气管的后段

切断原车排气管的后段

（4）用撬杠上下撬动消声器，然后取下已经切断的原车后段排气管。

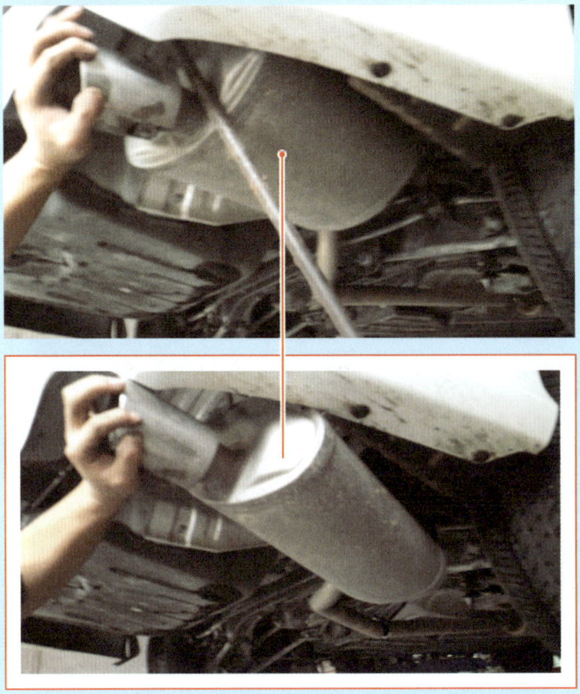

取下原车后段排气管

（5）在原车底盘的左边位置加装排气管隔热罩。

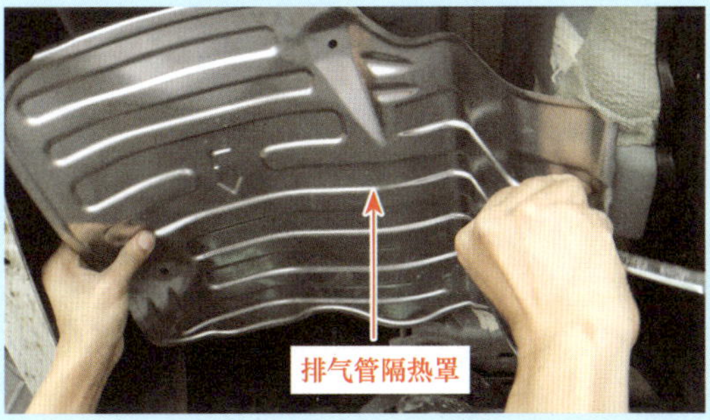

加装排气管隔热罩

（6）抬起新的双管排气管，然后将其接口进行定位。

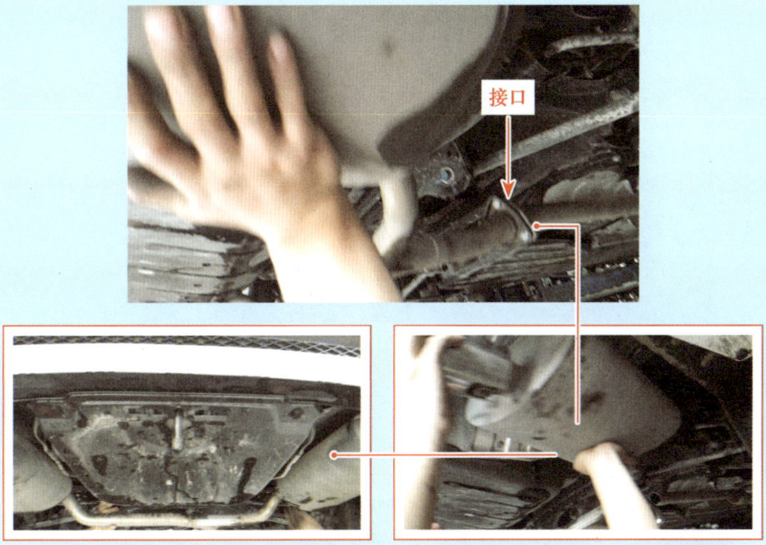

双管排气管定位

（7）安装排气管吊钩。

安装排气管吊钩

（8）将左边的新加装的排气管部位固定住。若有必要，可以使用二氧化碳保护焊将排气管焊接到吊钩的位置进行固定。

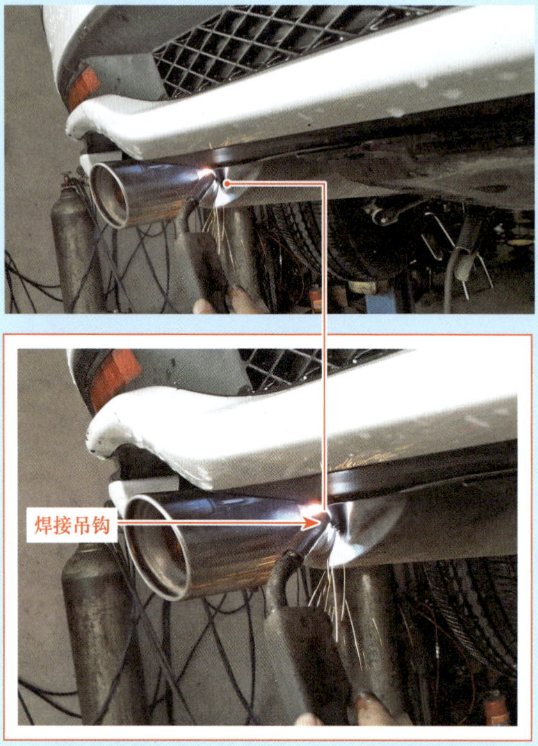

新加装的排气管部位固定

（9）将加装的新排气管接口重新焊接牢固，确保不漏气即可。

焊接接口

（10）发动机双管排气改装完成。

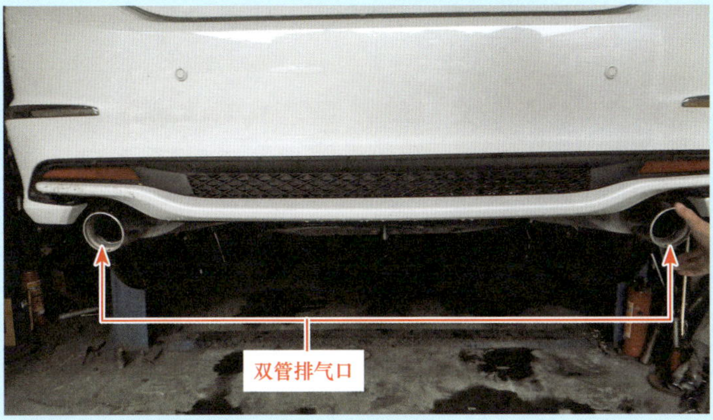

双管排气改装完成

22. 遥控变音排气管改装

（1）首先根据车型选配一套合适的遥控变音排气管装置。

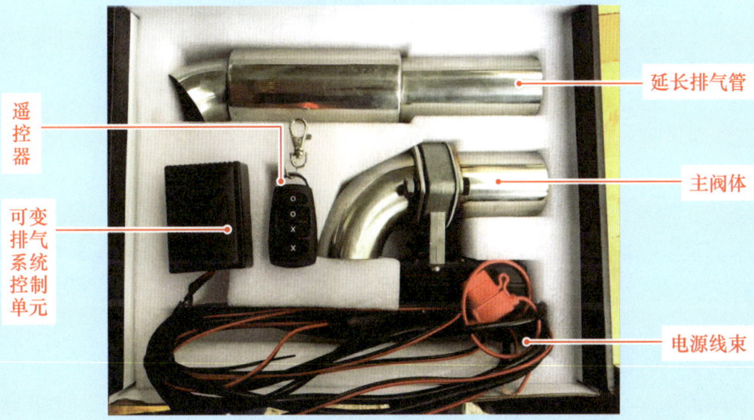

遥控变音排气管装置

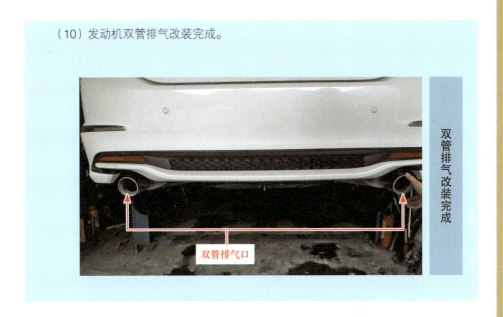

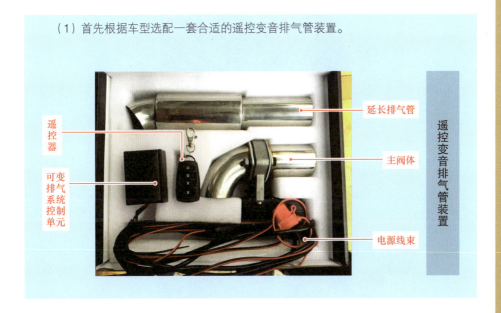

（2）在汽车底盘的排气管中段切割一个排气口，然后将阀门的主体焊接在切口上，再将可变排气系统控制线束从底盘穿到发动机舱内。

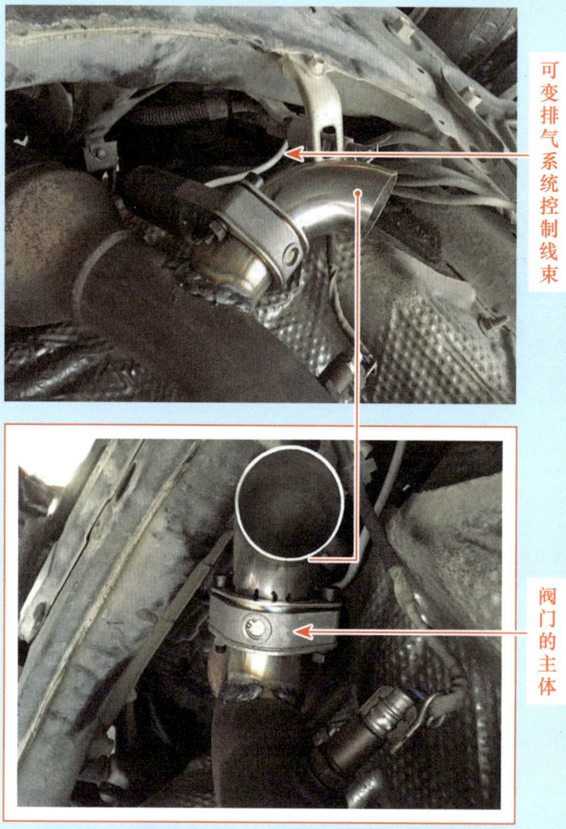

安装阀门的主体

（3）按照说明书将可变排气系统控制单元的电源线接到汽车“B +”电源端子，负极搭铁，再将可变排气系统控制单元和可变排气系统控制线束固定在发动机舱内，即可完成遥控变音排气管的加装。

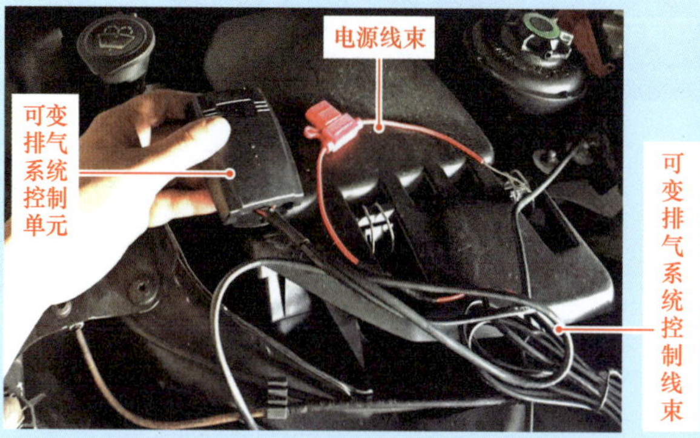

安装可变排气系统控制单元

相关知识

改装可变排气系统主要目的是使汽车行驶在公路上有赛车般的声响，让人感觉其有狂野的驾驶性能。它由可变排气系统控制单元、排气控制主阀体、遥控器、控制线束等部件构成。

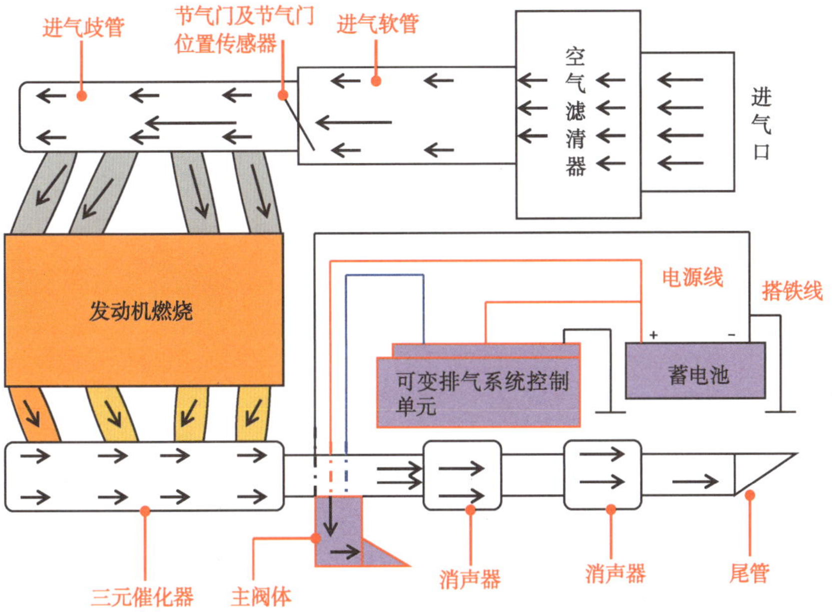

改装可变排气系统部件简化示意图

23. 进气系统龙卷风改装

首先拆卸空气滤清器，然后直接将进气龙卷风安装在进气软管内，再重新安装好进气软管和空气滤清器。

相关知识

安装进气龙卷风使发动机进气的“平风”状态变成“龙卷风”的旋风状态，增大了气流压力，使氧气和汽油混合更加均匀，达到充分燃烧的目的。

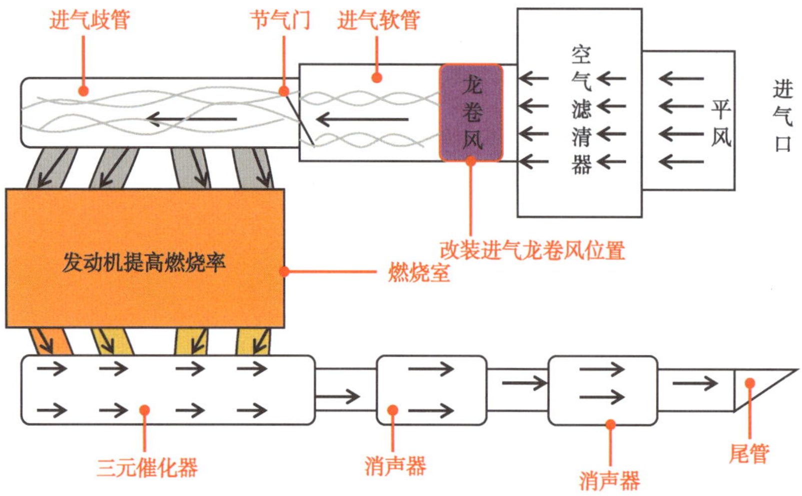

安装进气龙卷风后发动机工作示意图

24. 排气系统龙卷风改装

（1）首先用龙卷风中段和龙卷风尾管对比原来排气管的安装位置，确定位置后再拆卸原来的排气管。

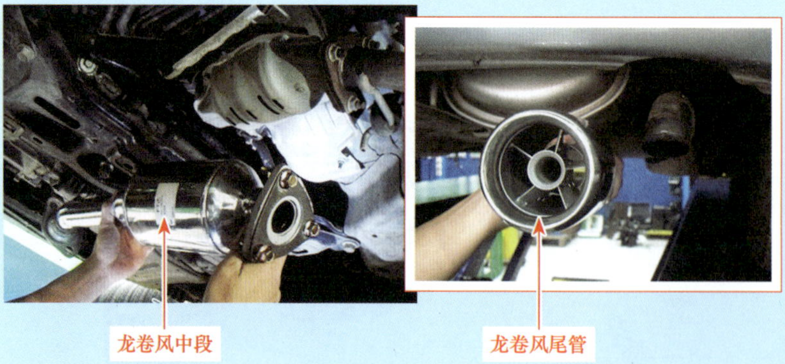

对比安装位置

（2）拆卸排气管的中段，然后按照相反的顺序安装上龙卷风中段。

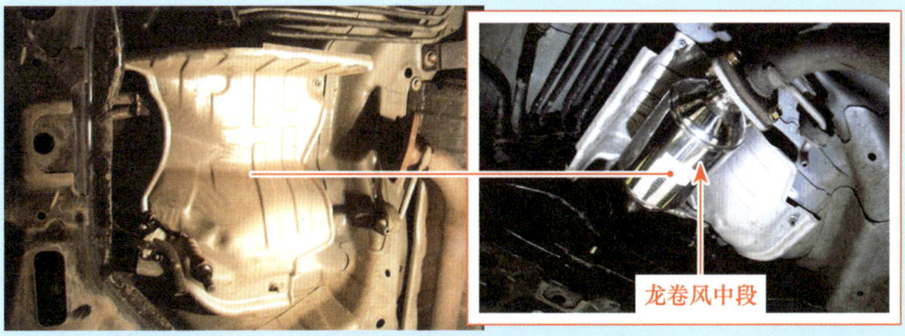

安装龙卷风中段

（3）用砂轮机切割掉排气管的尾管，然后将龙卷风尾管用二氧化碳保护焊焊接在排气管的尾部。

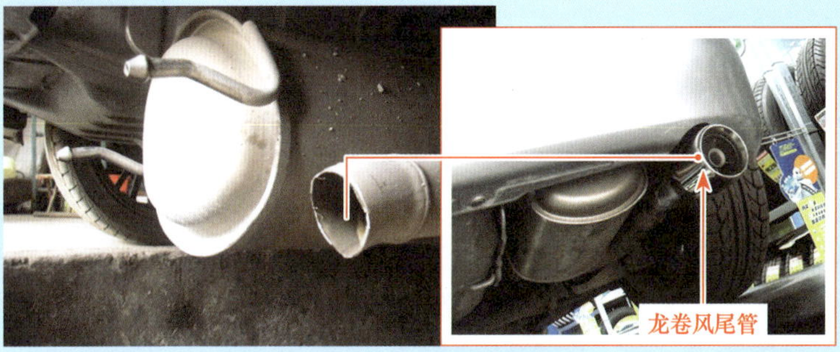

安装龙卷风尾管

相关知识

安装排气龙卷风使发动机排气由“平风”状态变成“龙卷风”的旋风状态，增大了气流压力，使发动机排气更加顺畅，提高发动机的动力性能。

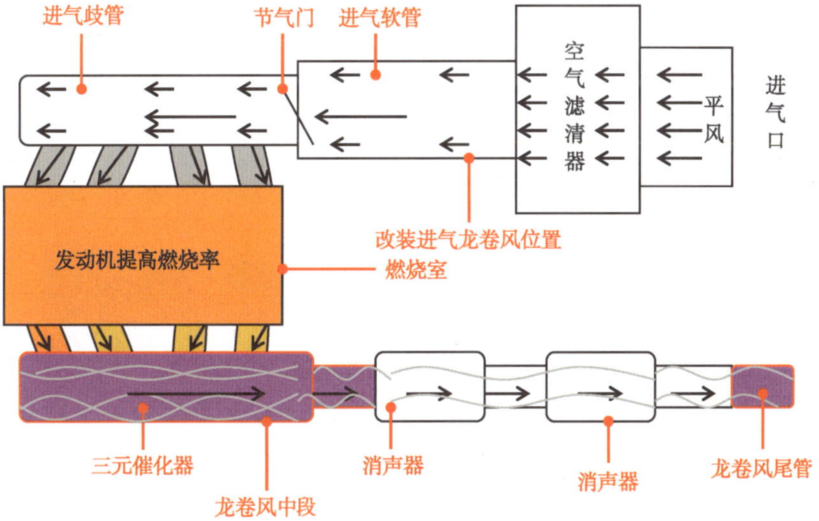

安装排气龙卷风后发动机工作示意图

25. 排气尾管改装

（1）首先用砂轮机将原来的排气尾管切掉，然后用砂轮机将切口打磨平整。

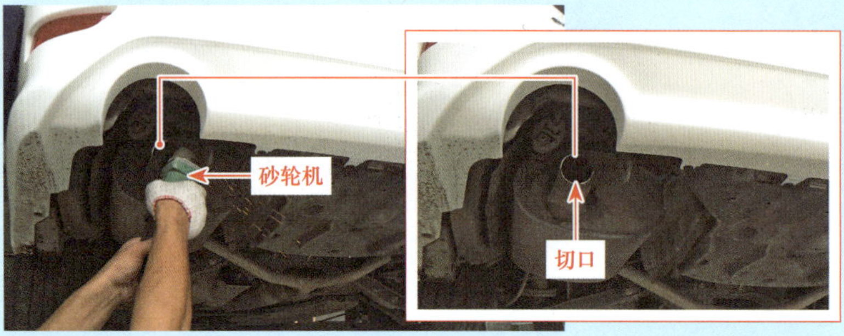

修整切口

修整切口

（2）将尾管放在切口上并调整好安装位置，位置确定后用手将其固定住。

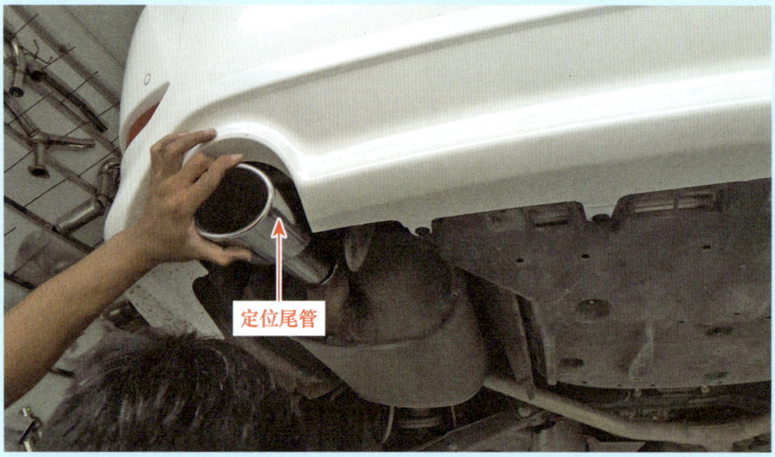

定位尾管

（3）左手扶住尾管，右手用焊枪对尾管进行焊接，使其固定在排气管尾部。

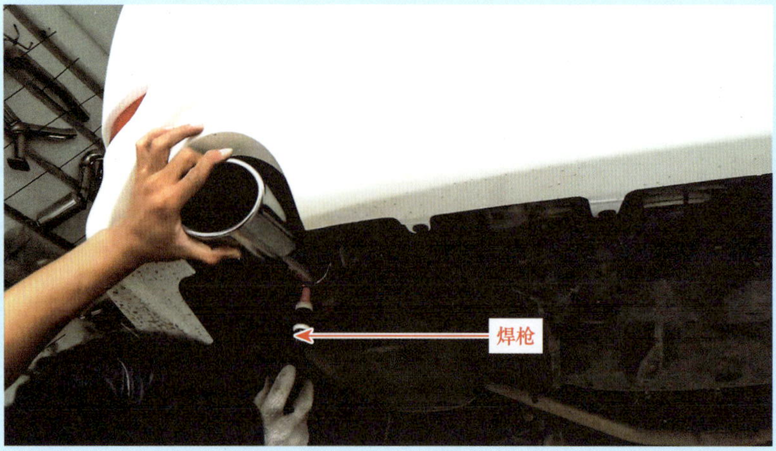

尾管焊接定位

（4）重新观察安装位置，如果安装位置偏移则需要校准，然后继续将切口焊接牢固即可。

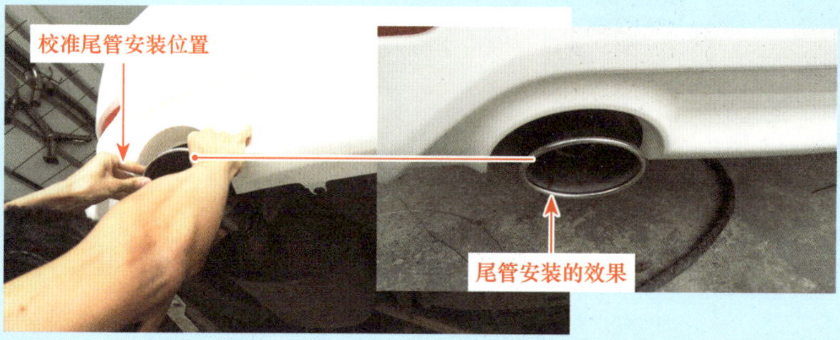

安装尾管

安装尾管

26. 发动机供油改供气

（1）首先准备好气瓶及天然气的改装零部件，然后打开发动机舱盖，规划减压阀的安装位置。当安装位置确定后，接着需要用电钻在舱框内钻一个减压阀的固定安装孔，将减压阀用螺栓固定好，再将气压表安装在减压阀上。

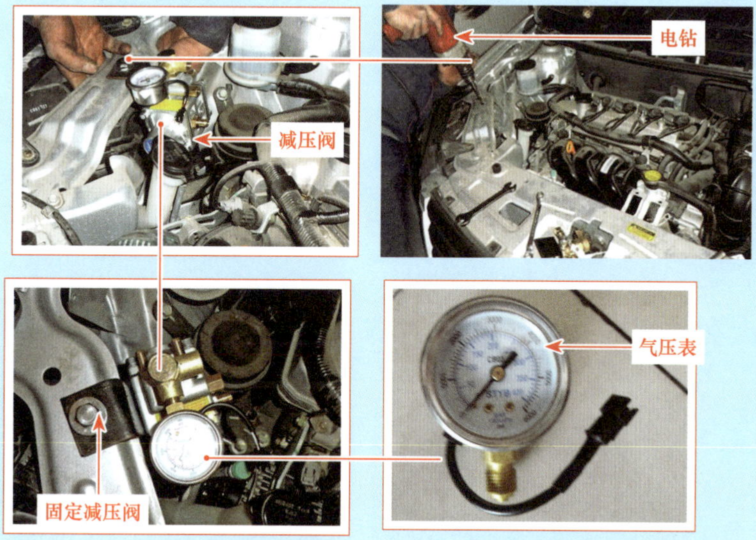

安装减压阀

（2）用电钻在发动机舱内钻一个充气阀的安装孔，同时将充气阀安装好。

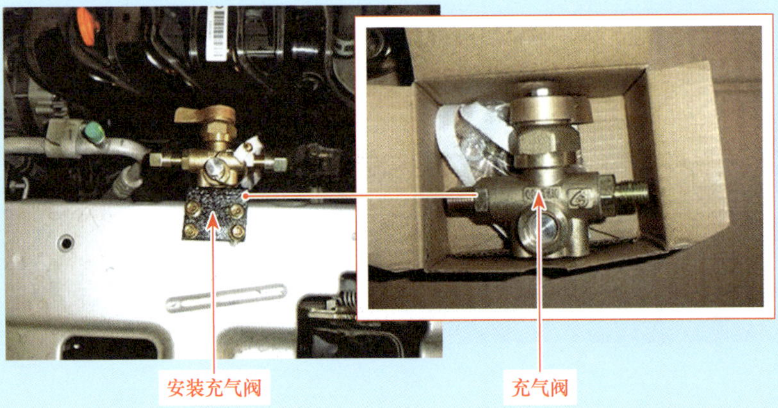

安装充气阀

（3）将天然气系统控制线束的一端接上天然气控制单元，然后将天然气系统的控制线束布置在发动机舱内，将天然气控制单元固定在发动机控制单元附近或发动机舱内通风良好的位置。

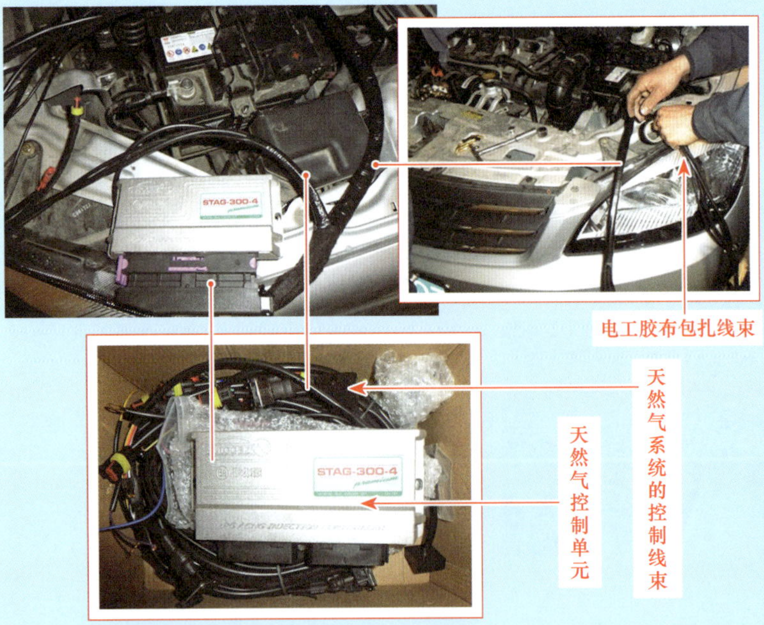

布置线束

（4）将天然气电磁阀组固定在发动机气门室盖上，然后在每个进气歧管上钻一个进气嘴安装孔，再将进气嘴安装在进气歧管上。

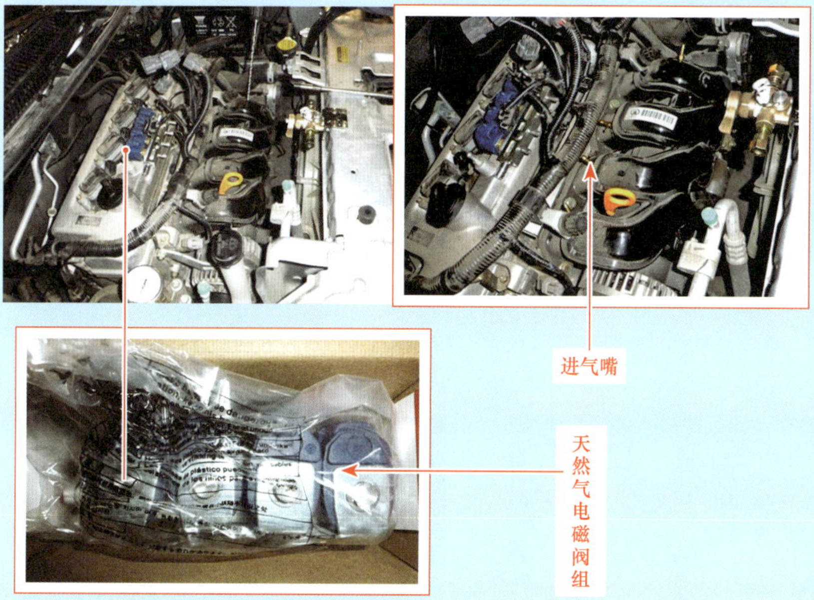

安装天然气电磁阀组及进气嘴

（5）将天然气气量表和开关安装在驾驶室左侧的内饰板上，然后在驾驶人左侧门槛的线束上找到燃油泵的控制线，将燃油泵的控制线接到天然气开关的转换控制线上。

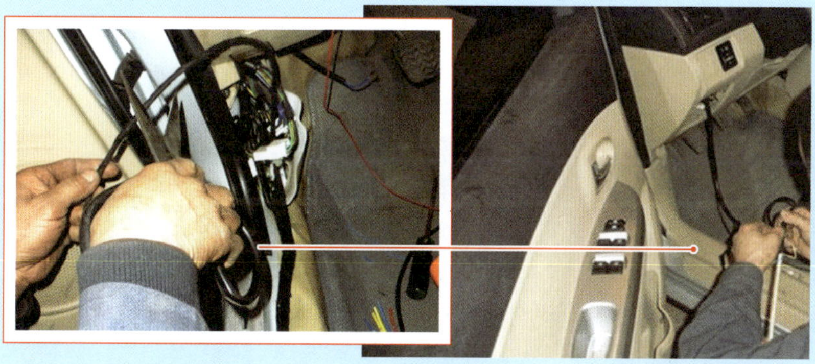

安装天然气气量表和开关

（6）固定好行李箱内的气瓶，然后安装好报警器并接好线束，再安装高压管至发动机舱的充气阀和减压阀上。

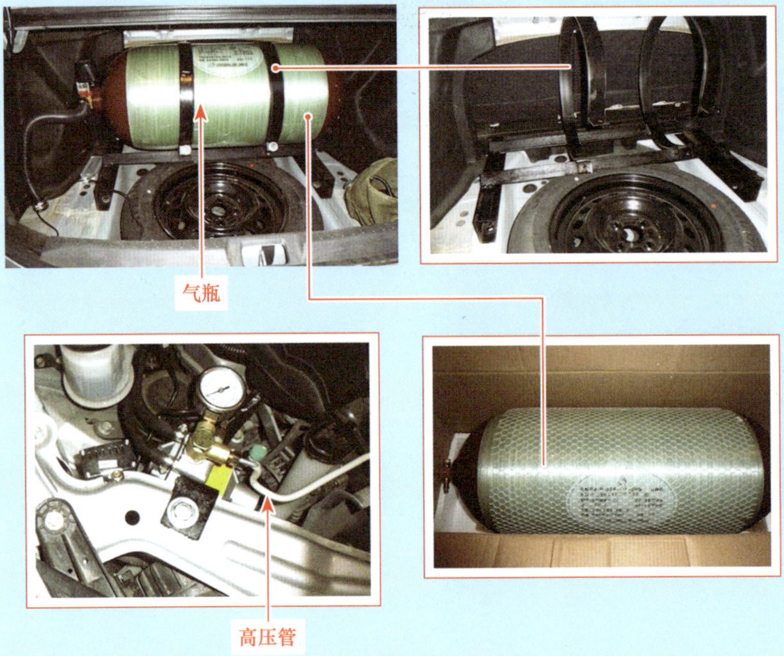

安装气瓶及高压管

（7）用低压软管将进气嘴和天然气电磁阀组对应的电磁阀连接起来，然后将线束插头接到各缸的电磁阀上。

安装低压软管及线束插头

（8）当所有部件安装好后即可到燃气站加注天然气。

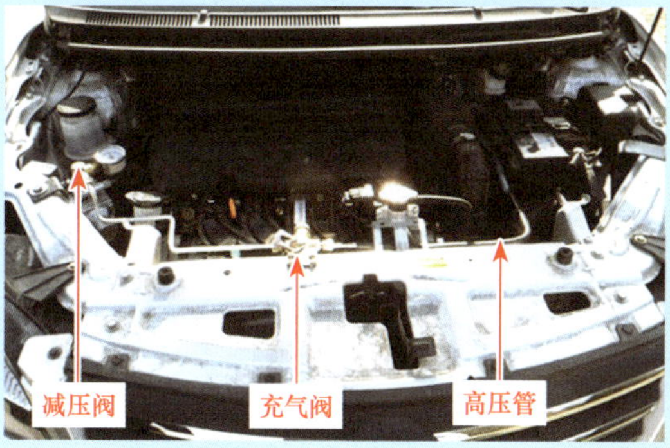

安装完成状态

（9）起动发动机，然后使用诊断仪连接至天然气控制系统的诊断插座，进行天然气控制系统的调校程序，调校完成后天然气控制系统的参数值才会正常。

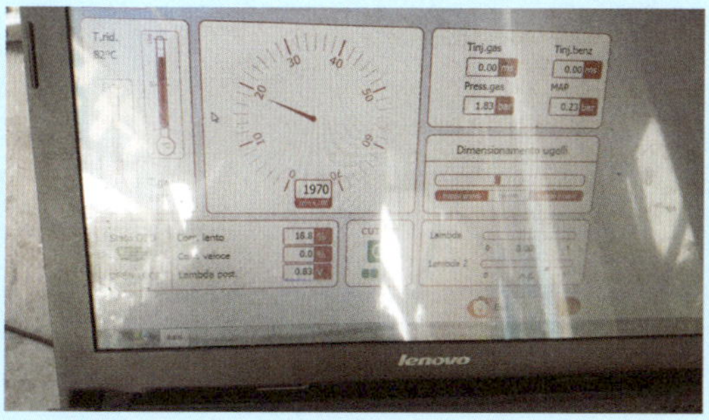

天然气控制系统的参数值

天然气控制系统的调校

相关知识

发动机供油改供气主要就是在原来燃油系统基础上增加一套天然气的供给控制系统，天然气的供给控制系统主要包括天然气控制单元、天然气电磁阀组、进气嘴、减压阀、充气阀、气瓶以及天然气控制系统线束和管路（包括低压软管和高压管），此外还有气瓶的漏气预警系统等装置。

（1）天然气的供给控制系统结构与主要零部件安装位置。

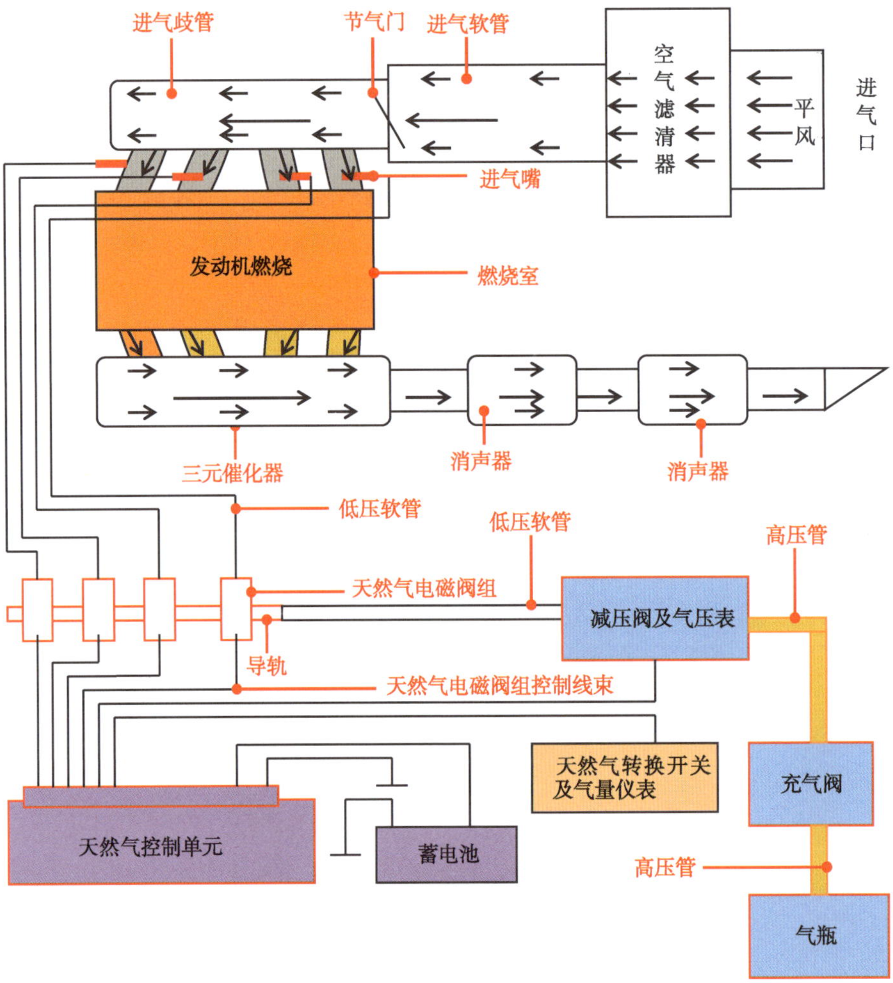

油改气主要零部件安装位置示意图

（2）改装的主要零部件。

1）天然气控制单元及天然气控制系统线束。天然气控制单元是天然气控制系统的核心部件，它主要根据发动机的工作状态指令天然气电磁阀组向发动机供给天然气的数量。天然气控制系统线束是连接电磁阀、传感器、电源、天然气控制单元等的线束。

天然气控制单元及天然气控制系统线束

2）充气阀。充气阀实际上是一个单向截止阀，当通过单向截止阀与天然气加气站售气机的充气枪对接为高压天然气气瓶充气。安装时充气阀的一端接气瓶，另一端接气压表的转换接口，安装时要确保充气阀的进出接口不能接反。

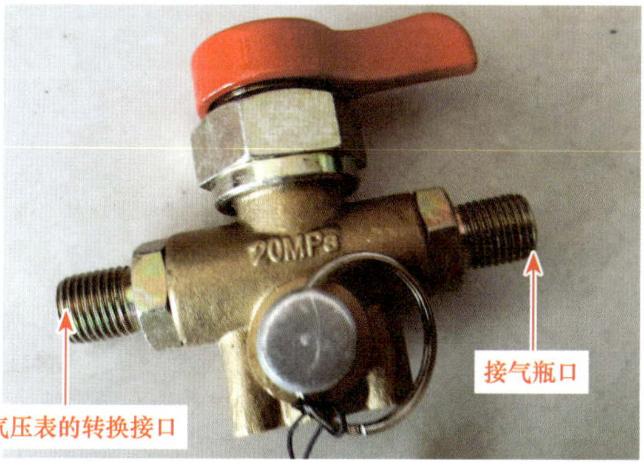

充气阀

充气阀

3）减压阀及气压表。减压阀是天然气控制系统的关键组件，其作用是使天然气供给系统性能同发动机匹配优化，实现气压的稳定性能。气压表相当于原车的油压和油量显示仪表，它提醒驾驶人天然气的存储情况。减压阀上有一个电磁阀、一个真空接口（接真空阀）、2个冷却循环水接口（接冷却水管）、一个安全阀、一个出气口（接天然气电磁阀组的进气口），以及一个入气口（接高压管）。其中入气口首先要接上三通接口，然后接上气压表，另一个接口才能接高压管。

减压阀

减压阀及气压表

4）进气嘴。进气嘴主要用于进气，它一端装在进气歧管上，安装时首先在每个进气歧管上钻一个进气嘴安装孔，然后将其安装在安装孔上；另一端接低压软管。

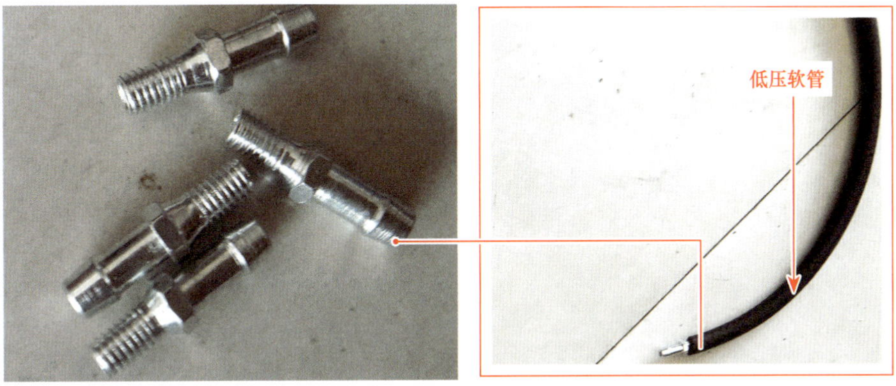

进气嘴

5）低压软管。低压软管主要是用来连接减压阀出气口与天然气电磁阀组入气口，以及进气嘴与天然气电磁阀组的各缸电磁阀出气口。

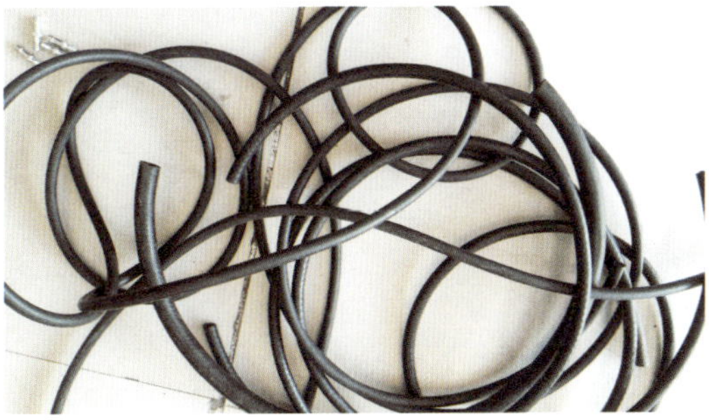

低压软管

6）高压软管。高压软管主要是用来连接气瓶与充气阀、充气阀与减压阀入气口的接口。

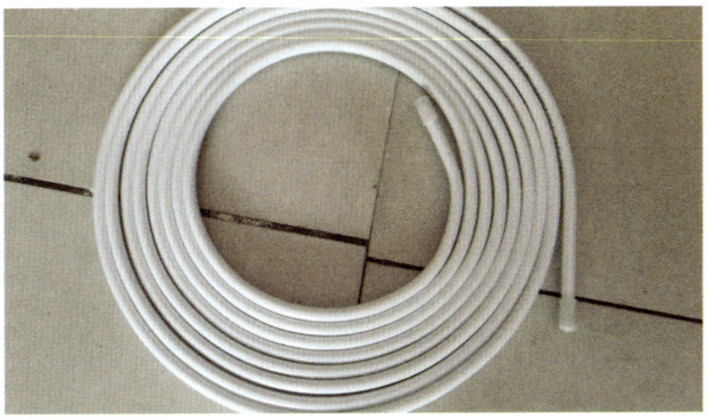

高压软管

7）天然气电磁阀组。天然气电磁阀组是天然气控制系统的重要组件，它类似于燃油系统的喷油器，它主要控制每个气缸的进气量。

天然气电磁阀组由4个电磁阀（类似喷油器）组成，一个进气口就类似于燃油导轨的进油口；天然气电磁阀组上的4个出气口类似喷油器的喷油孔，不同的是喷油器的喷油孔直接安装在发动机缸体上，而天然气电磁阀的出气口要通过低压软管连接在进气嘴上。天然气电磁阀组上的电磁阀的接口接各缸对应的控制信号线。

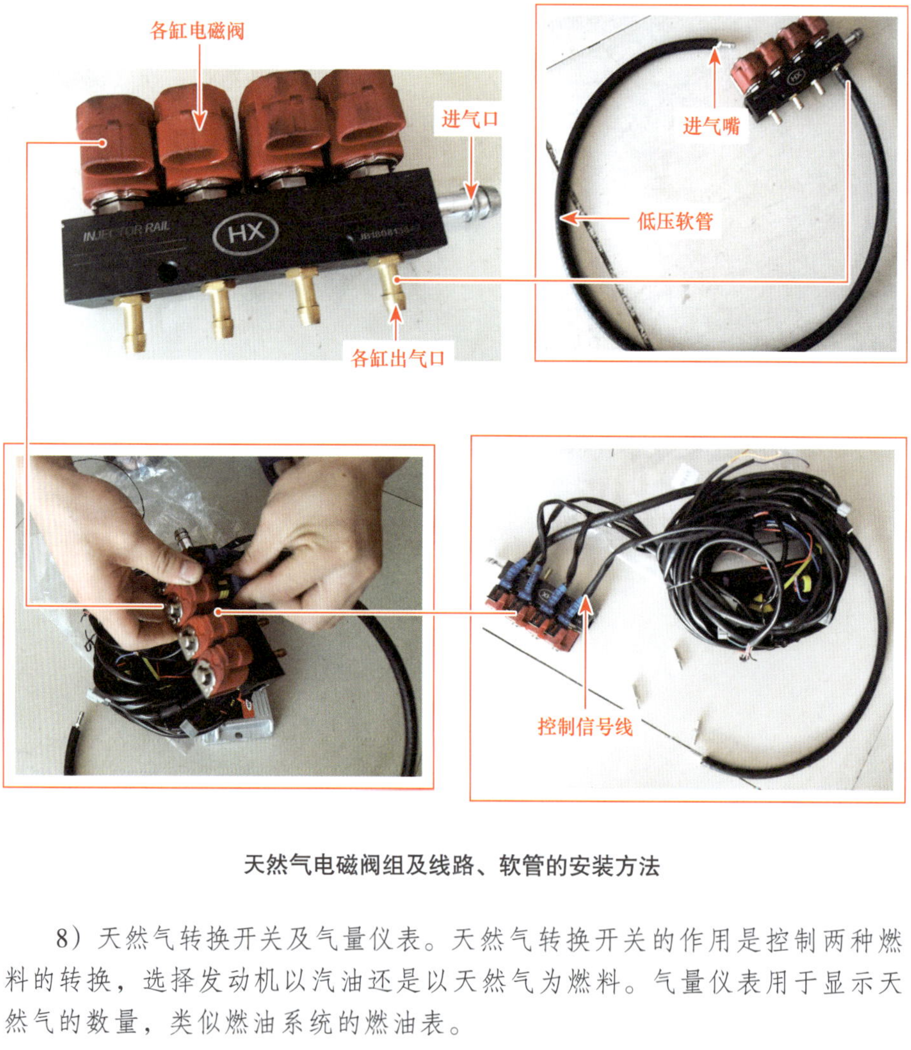

天然气电磁阀组及线路、软管的安装方法

天然气电磁阀组的连接方法

8）天然气转换开关及气量仪表。天然气转换开关的作用是控制两种燃料的转换，选择发动机以汽油还是以天然气为燃料。气量仪表用于显示天然气的数量，类似燃油系统的燃油表。

9）气瓶。气瓶是车载压缩天然气的存储容器，为保证天然气气瓶的安全，高压天然气气瓶应符合国家标准《机动车用压缩天然气钢瓶》的要求。气瓶只能安装在行李箱，而且与固定卡子间要设置胶垫。

气瓶

27. 发动机点火系统改装

力爽 SPE（英文 Surpass Power Evolution）点火增强系统是一种完全替换式点火能量增强部件，它可以提升整体的点火功率，同时在原车点火系统条件不变的情况下，提供更佳的点火电流传输，并且在并不加大原车点火电路负载的工况下运行。安装力爽 SPE 增强点火线圈非常简单，只要将原厂的点火线圈拆下，然后对其进行替换安装即可。

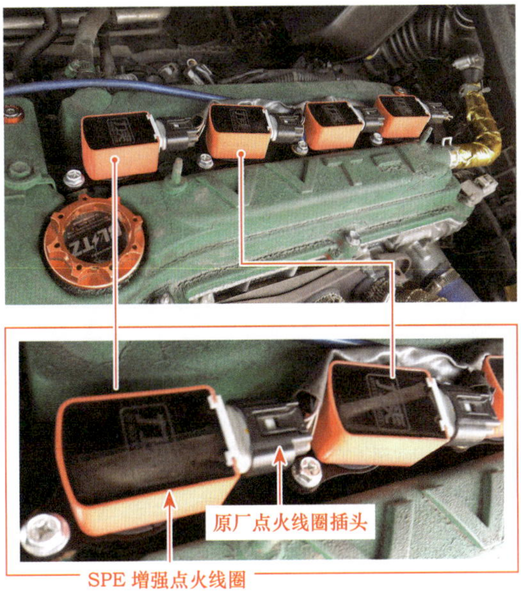

SPE 增强点火线圈

28. 加装速马力燃油催化器

（1）准备好速马力燃油催化器，以及加装的燃油管。

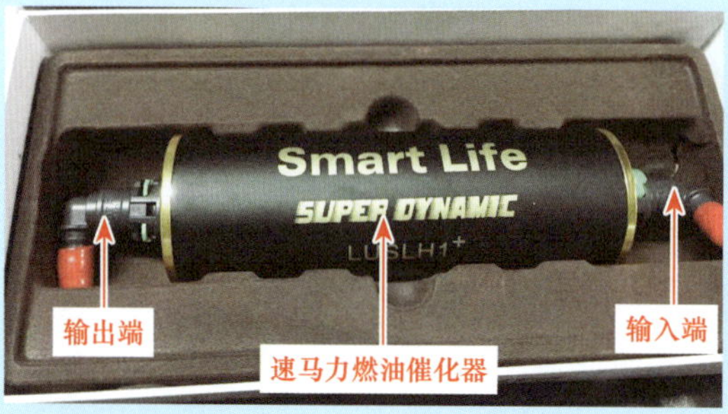

速马力燃油催化器

（2）将燃油管内的燃油进行泄压，然后从喷油器导轨接口上拆卸燃油管。使用一根燃油管将来自燃油箱的油管接起来，另一端接到速马力燃油催化器的输入端；再用另一根燃油管的一端接到速马力燃油催化器的输出端，另一端接到喷油器导轨接口上。

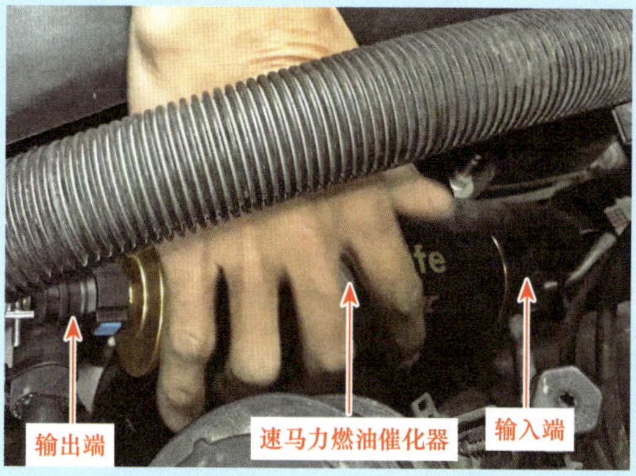

安装速马力燃油催化器

（3）将速马力燃油催化器用扎带或支架固定在发动机舱内。

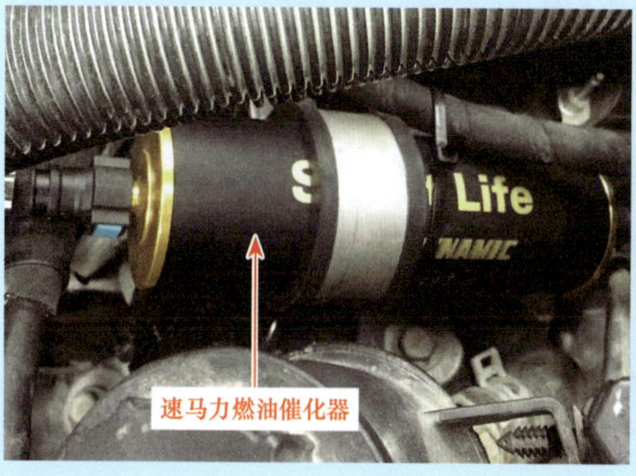

固定住速马力燃油催化器

固定住速马力燃油催化器

相关知识

速马力燃油催化器能够起到提高发动机动力性、改善油质、节油减排的作用，它安装在发动机舱内的发动机进油管上，安装时将它串联在发动机进油管之中即可。

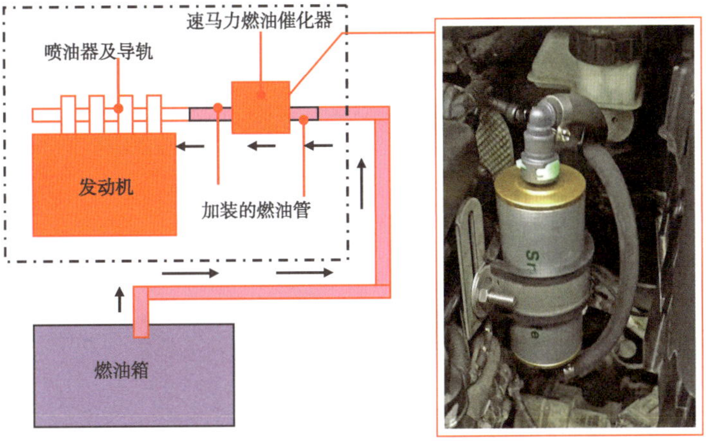

速马力燃油催化器安装示意图

29. 加装发动机护板

发动机护板是根据各种不同车型量身定制的发动机防护装置，其主要作用是防止在汽车行驶过程中卷起的沙石或硬物对发动机撞击而造成发动机的损坏，其次是防止路面积水或灰尘进入发动机舱。安装时将发动机护板的螺栓孔对准发动机舱架的安装螺栓孔，然后用螺栓将其固定。

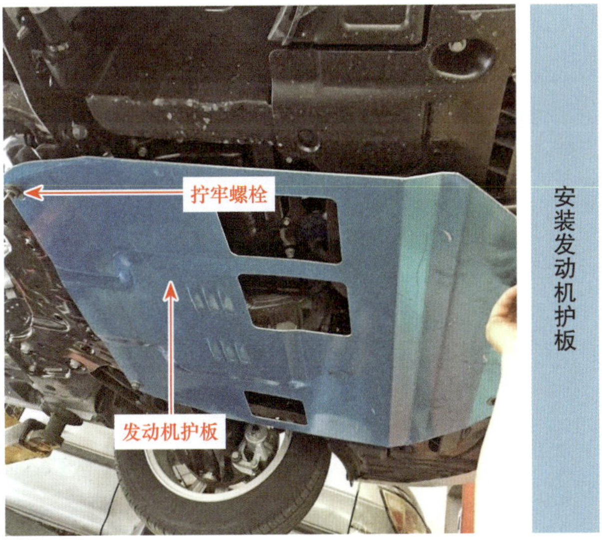

第 4 章　汽车底盘改装

30. 汽车胎压监控系统改装

（1）首先准备一套胎压监控系统装置，它包括胎压显示屏和带气门嘴的胎压传感器。

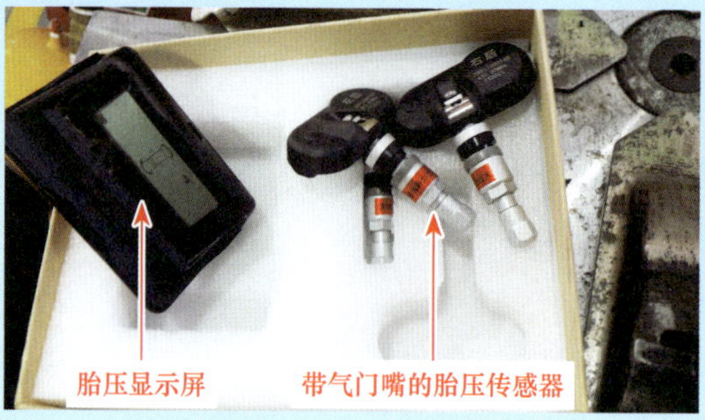

胎压监控系统装置

（2）从汽车上拆下轮胎，然后用扒胎机的分离铲将靠近气门嘴一侧的轮胎扒开。

扒开气门嘴一侧的轮胎

扒开气门嘴一侧的轮胎

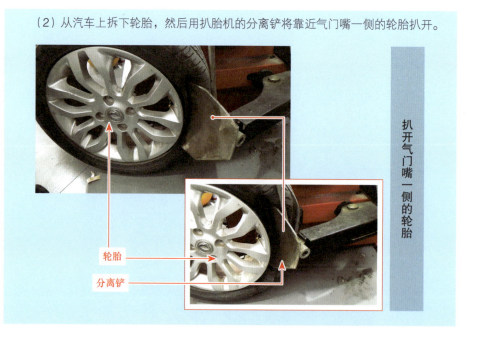

（3）使用刀片割掉原气门嘴，然后将原气门嘴从轮辋上取下。

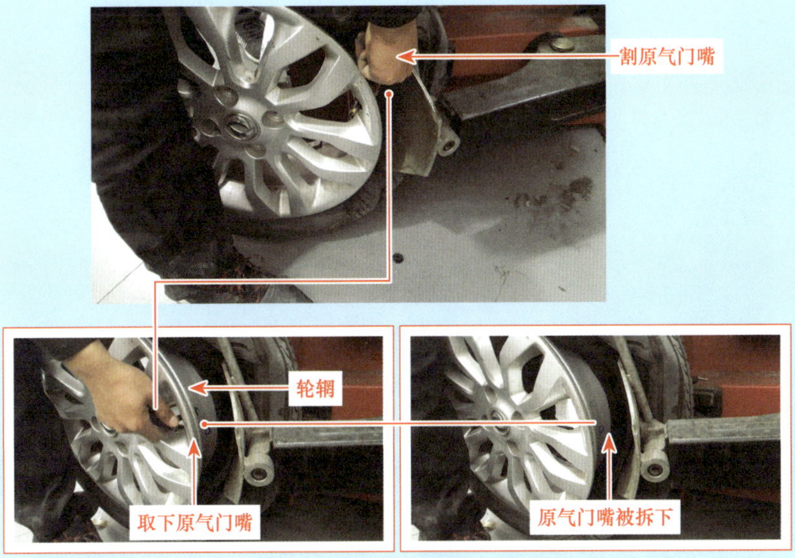

拆卸原气门嘴

拆卸原气门嘴

（4）将带气门嘴的胎压传感器装入轮辋的气门嘴安装孔内。

装入带气门嘴的胎压传感器

安装好带气门嘴的胎压传感器

（5）用手将气门嘴固定螺母旋入气门嘴内。

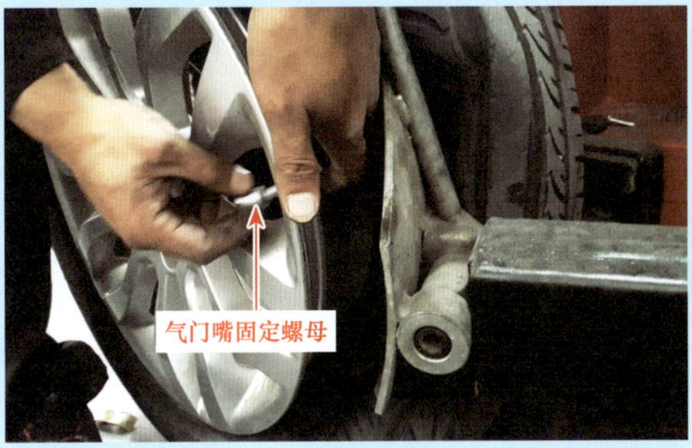

旋入气门嘴固定螺母

（6）用套筒工具将气门嘴固定螺母拧紧，使其牢固地固定在轮辋上。

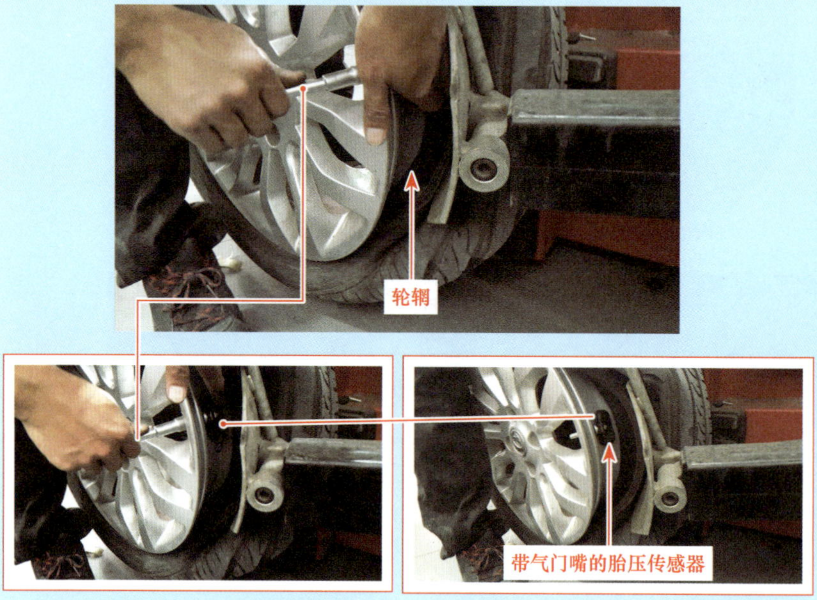

拧紧气门嘴固定螺母

（7）松开扒胎机的分离铲，让轮胎复位。

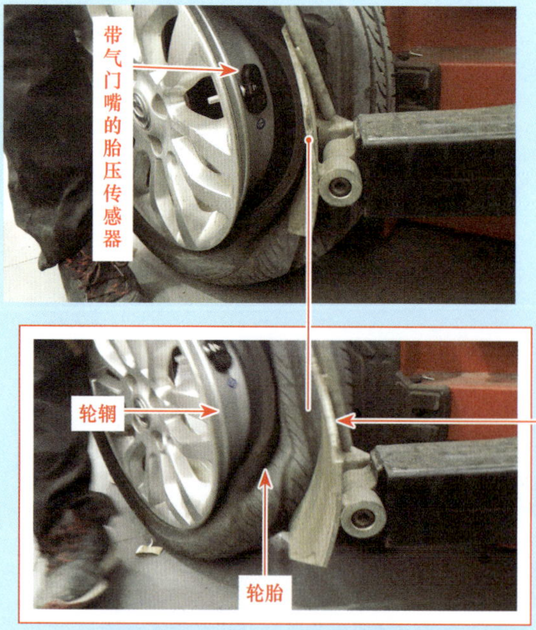

松开扒胎机的分离铲

松开扒胎机的分离铲

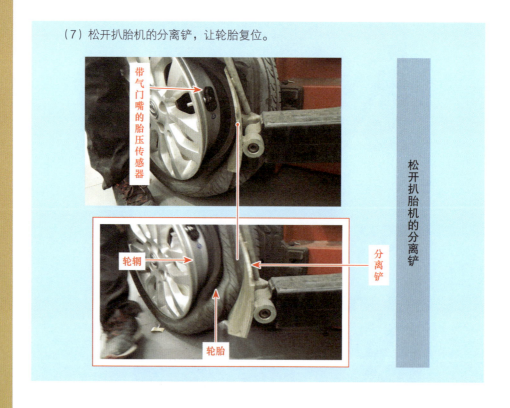

（8）给轮胎充气，让轮胎完全与轮辋密封，然后将胎压调整至 250kPa 左右，再将轮胎安装在汽车上。

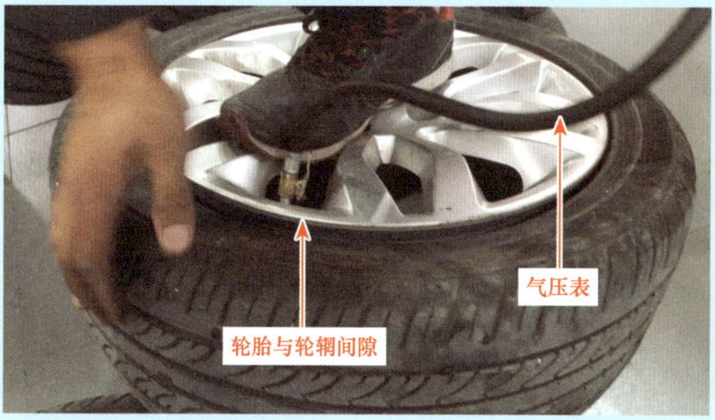

给轮胎充气

给轮胎充气

（9）将胎压显示屏固定在车内仪表台左侧的位置即可。当胎压显示屏不显示全部胎压或某个轮胎的胎压时，说明轮胎内没有气体或者胎压传感器出现故障，应对其进行故障排除，直到胎压显示屏恢复正常为止。

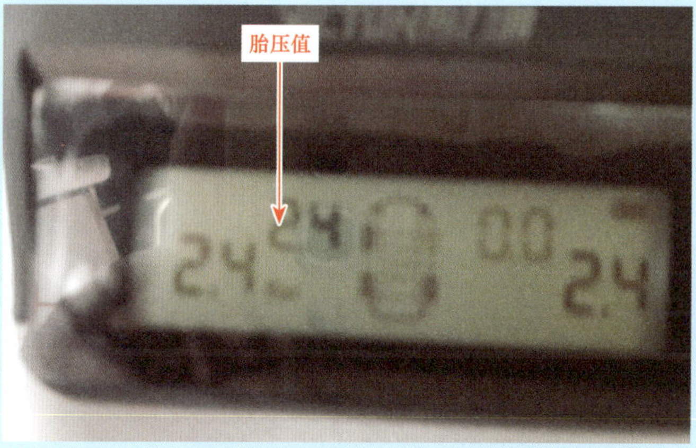

胎压显示屏

相关知识

胎压监控系统由 4 个气门嘴上的轮胎压力传感器以固定的时间向带轮胎压力监控模块的胎压显示屏发送无线电信号，然后通过轮胎压力监控模块的分析计算各自轮胎压力的变化情况，将相应的信息通过胎压显示屏显示出轮胎压力值。

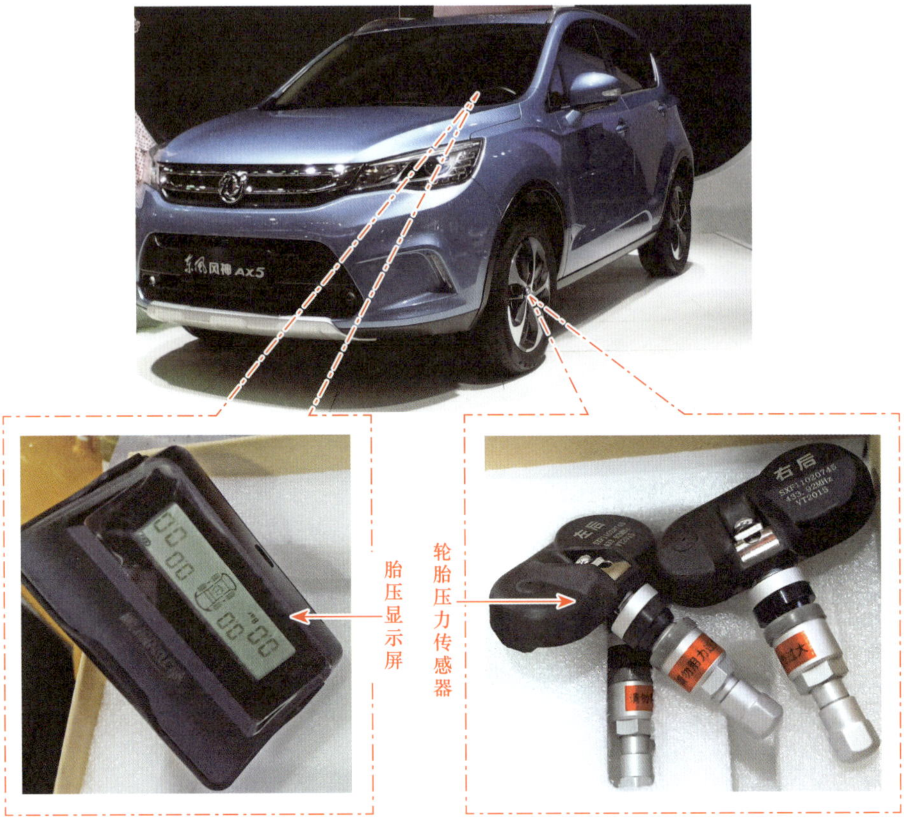

胎压监控系统

轮胎压力传感器安装在轮胎金属气门嘴上，它主要将轮胎的实时压力信息（绝对压力）发送给带轮胎压力监控模块的胎压显示屏，用来评估轮胎压力情况。

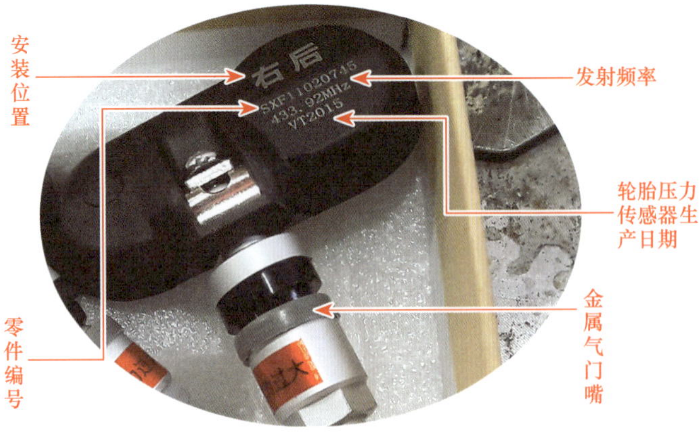

轮胎压力传感器标识

31. 汽车平衡杆改装

（1）在发动机舱内找到左平衡杆底座的安装位置，用螺栓将它安装牢固。

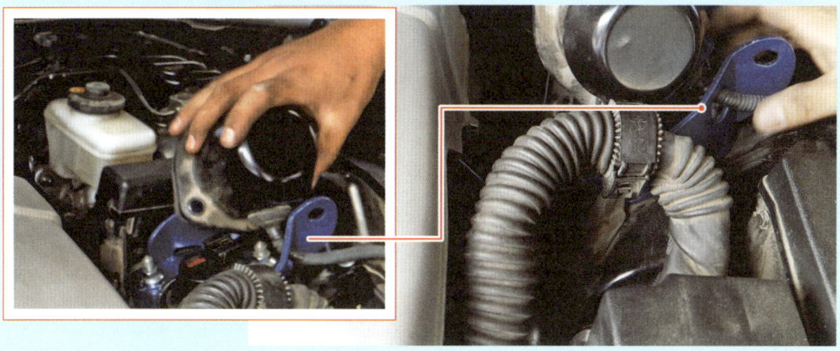

安装左侧平衡杆底座

安装左、右侧平衡杆底座

（2）在发动机舱内找到右平衡杆底座的安装位置，用螺栓将它安装牢固。

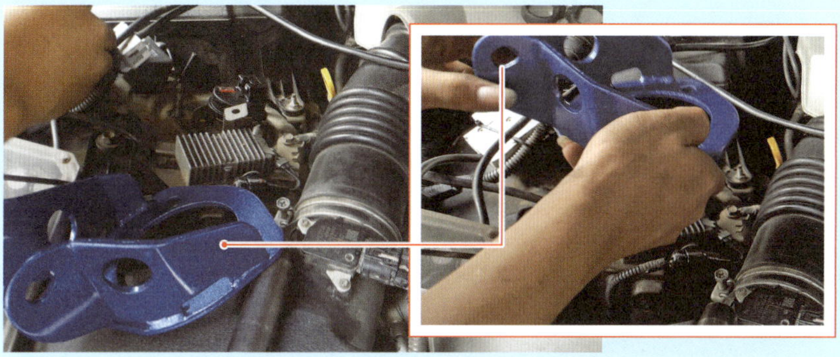

安装右侧平衡杆底座

（3）将平衡杆放置在左、右平衡杆底座的螺栓孔处，然后用贯穿螺栓穿入平衡杆与平衡杆底座的螺栓孔，分别将贯穿螺栓拧牢固即可。

安装发动机舱平衡杆

安装发动机舱平衡杆

安装底盘平衡杆

（4）在底盘下面找到平衡杆的安装位置，然后用螺栓将平衡杆固定。

安装底盘平衡杆

（5）底盘其他部位的平衡杆采用相同的方法进行安装。

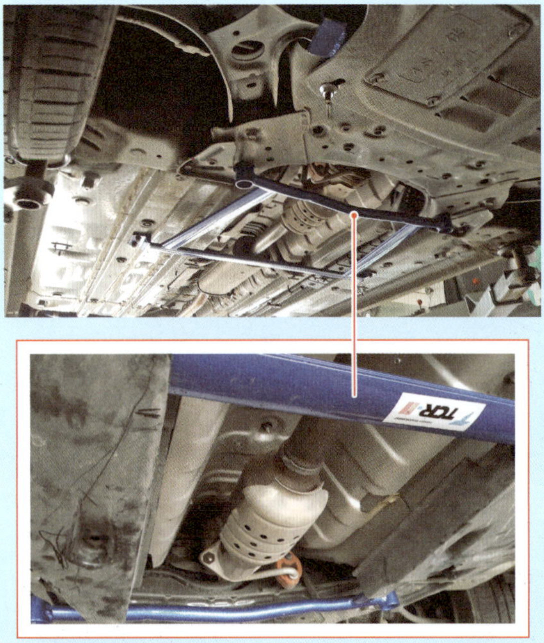

安装底盘其他部位的平衡杆

32. 汽车防倾杆改装

（1）安全地举升车辆，从底盘上拆卸原车的后防倾杆，然后按照相反的顺序安装 TCR 后防倾杆。

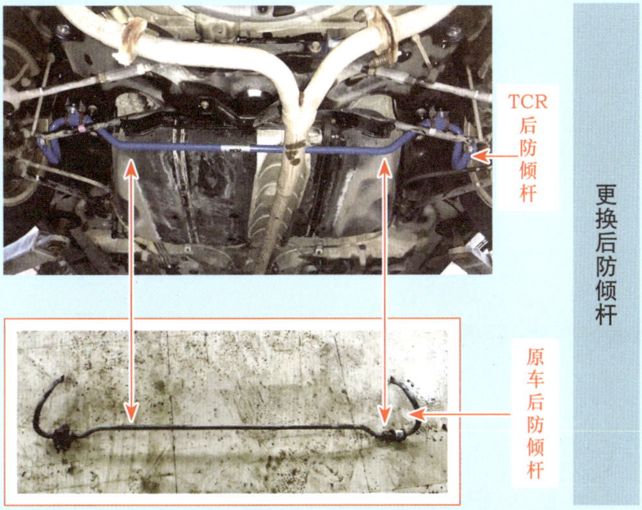

（2）从底盘上拆卸原车的前防倾杆，然后按照相反的顺序安装 TCR 前防倾杆。

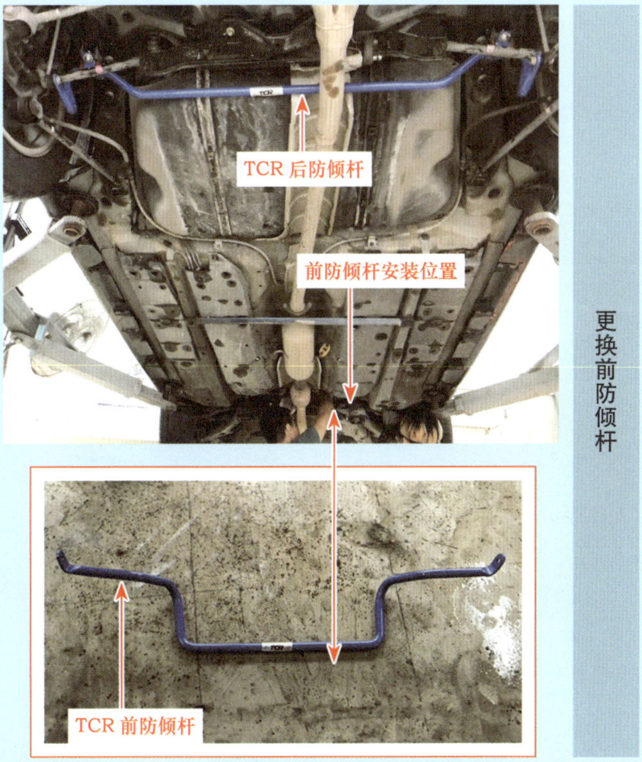

相关知识

防倾杆是为了增强汽车的横向刚度、防止车身在转弯等行驶情况下发生过大倾斜的辅助元件。防倾杆主要是一个U形的圆筒状金属连杆，并通过控制臂将车辆两侧的悬架连接在一起，而且防倾杆也会有两个固定点，并透过橡胶衬套将之固定在车辆底盘上。改装防倾杆并不是越粗越好，要避免防倾杆刚度过大导致转向过度的危险。

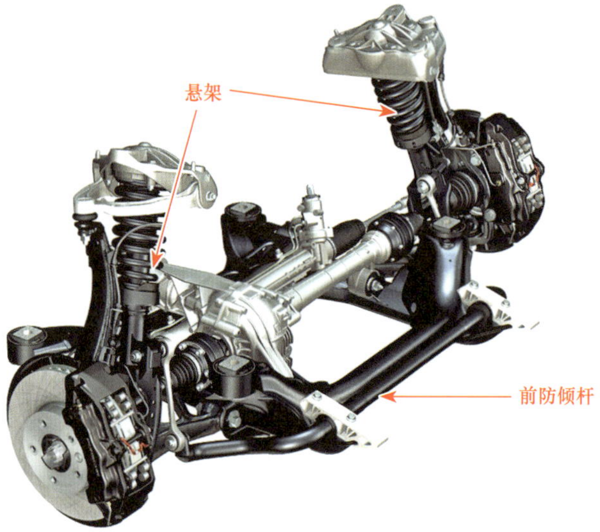

33. 汽车制动钳改色

（1）首先准备好自喷漆和砂纸。

自喷漆

（2）将汽车举升起来，然后分别拆下四个轮胎。

拆卸轮胎

（3）用粗砂纸打磨制动钳及制动盘表面的锈蚀，再用细砂纸打磨一遍制动钳，再用压缩风枪将其表面吹干净。

清洁干净制动钳

（4）找一张旧报纸或遮蔽纸遮挡住制动盘表面。

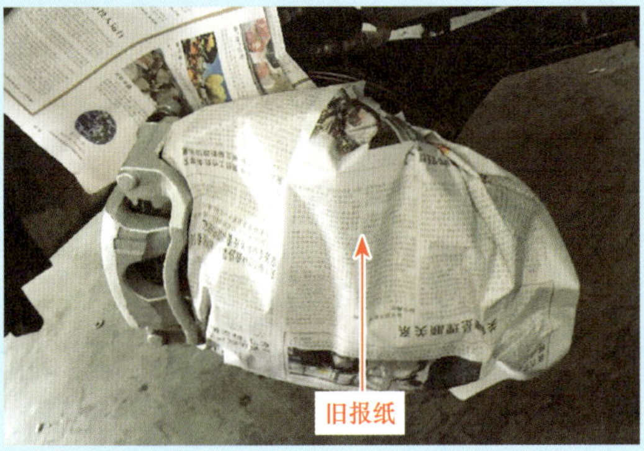

遮挡住制动盘表面

（5）均匀地把漆喷在制动钳上，然后依次将其他 3 个制动钳完成喷漆。等漆干后安装上轮胎，安装轮胎时要对角紧固螺栓，同时要防止力矩过小造成行车危险，力矩过大也会造成螺栓内应力过于集中，影响轮胎螺栓的使用寿命。

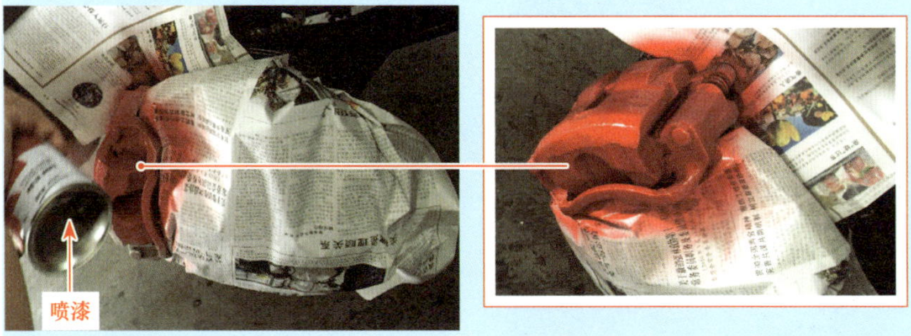

制动钳喷色漆

34. 汽车制动盘改装

（1）首先安全地举升车辆，然后拆下轮胎，并拆卸制动轮缸、轮缸支架及制动盘。

拆卸制动盘

（2）准备好新的制动盘，然后将其安装到轮毂上，再分别安装上轮缸支架及制动轮缸。安装时要按照规定力矩将螺栓拧紧（一般轮缸支架 125N · m、制动轮缸 30N · m）。

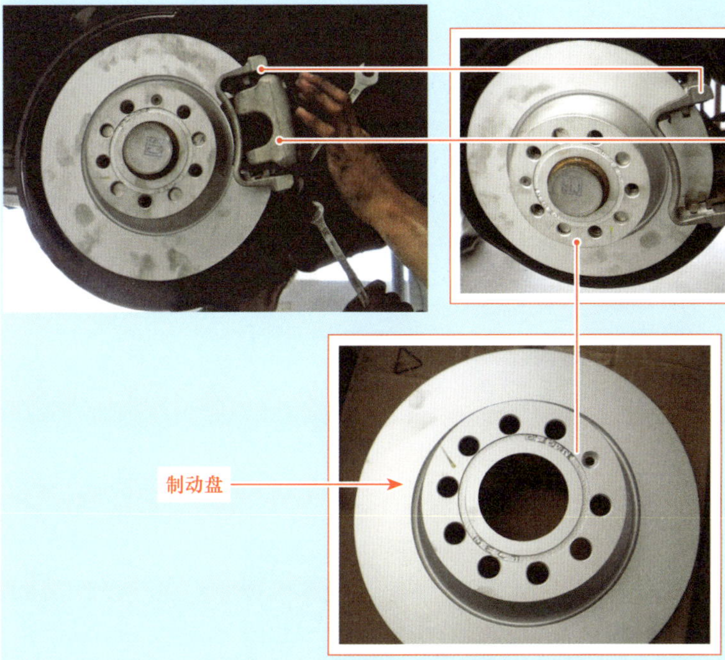

安装制动盘

（3）安装好轮胎，然后将车辆放下并按照规定力矩（一般 120N · m）拧紧轮胎螺栓。

安装好轮胎

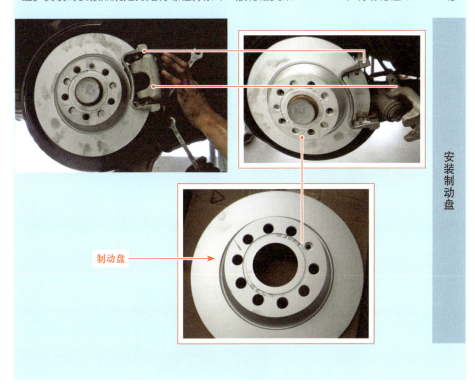

35. 汽车制动油管改装

（1）准备好制动油管钢喉。

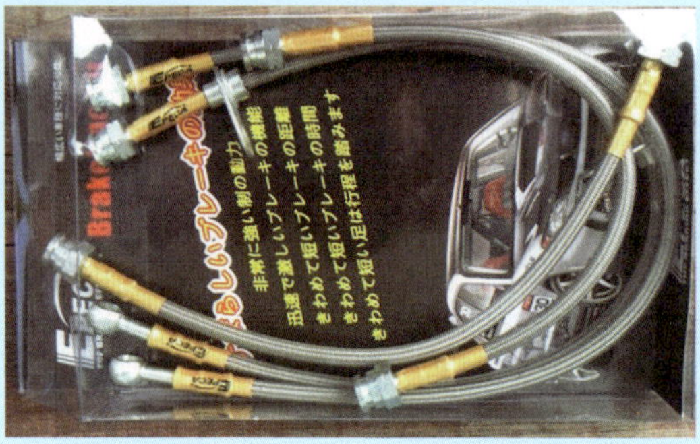

制动油管钢喉

（2）在原车前制动油管下面放置一个托盘，然后用扳手拆卸原车前制动油管。

拆卸原车前制动油管

（3）安装前制动油管钢喉。

安装前制动油管钢喉

（4）在原车后制动油管下面放置一个托盘，然后用扳手拆卸原车后制动油管。

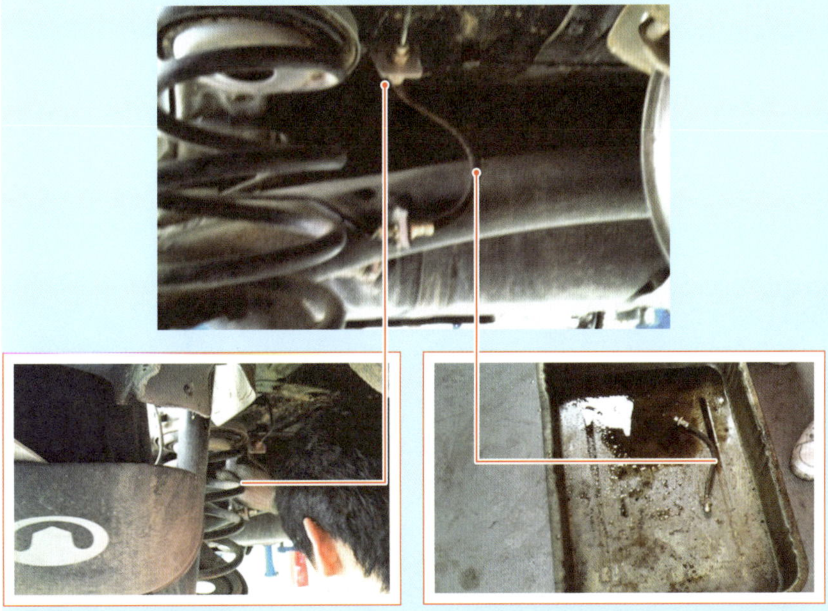

拆卸原车后制动油管

（5）安装后制动油管钢喉

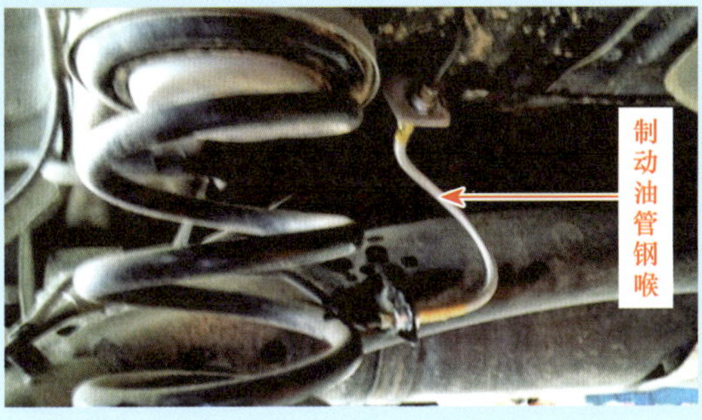

安装后制动油管钢喉

（6）让一名助手踩制动踏板，另一名技师使用扳手松开排气螺塞，将含有气泡的旧制动液排出，再拧紧排气螺塞。重复操作直至由排气螺塞开始排出新制动液为止，同时向储液罐加满制动液。

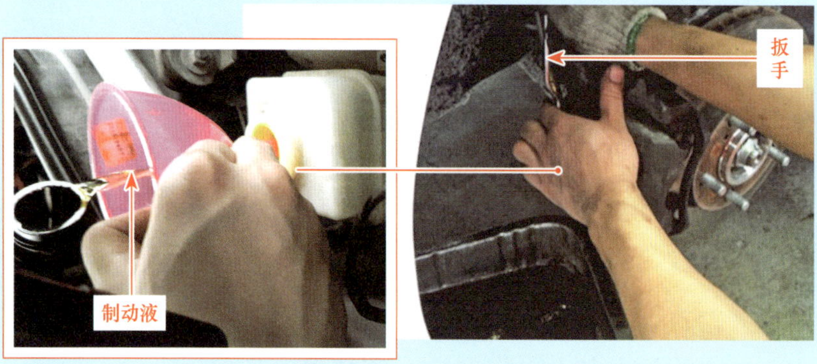

制动管路排气

相关知识

制动管路排气还可以使用制动液收集器来抽吸，具体方法如下：

（1）首先准备好制动液收集器，然后连接好压缩空气管。

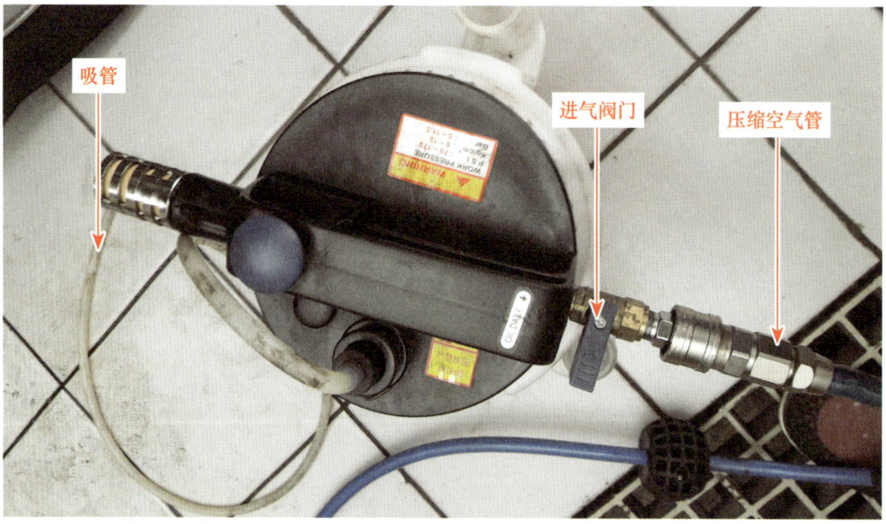

制动液收集器

（2）安全地举升车辆，然后将制动轮缸排气螺塞上的防尘帽打开。

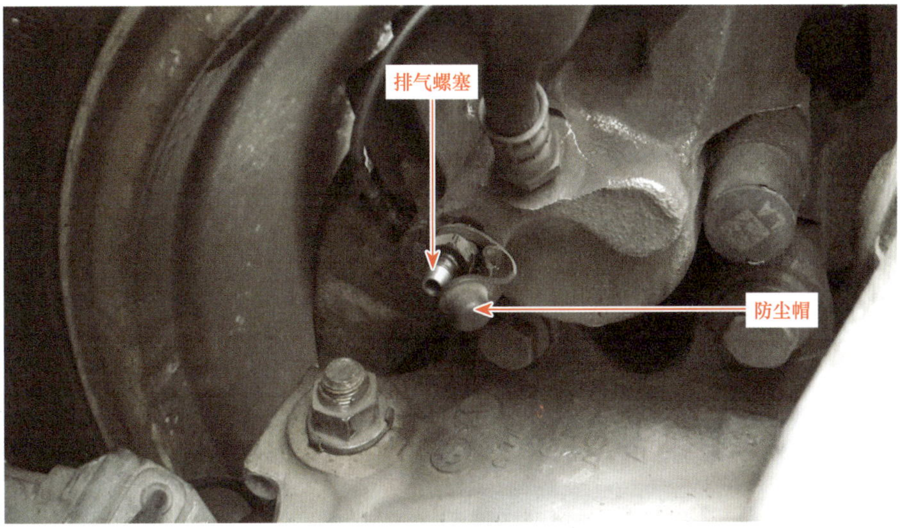

打开防尘帽

（3）使用扳手将制动轮缸排气螺塞拧松。

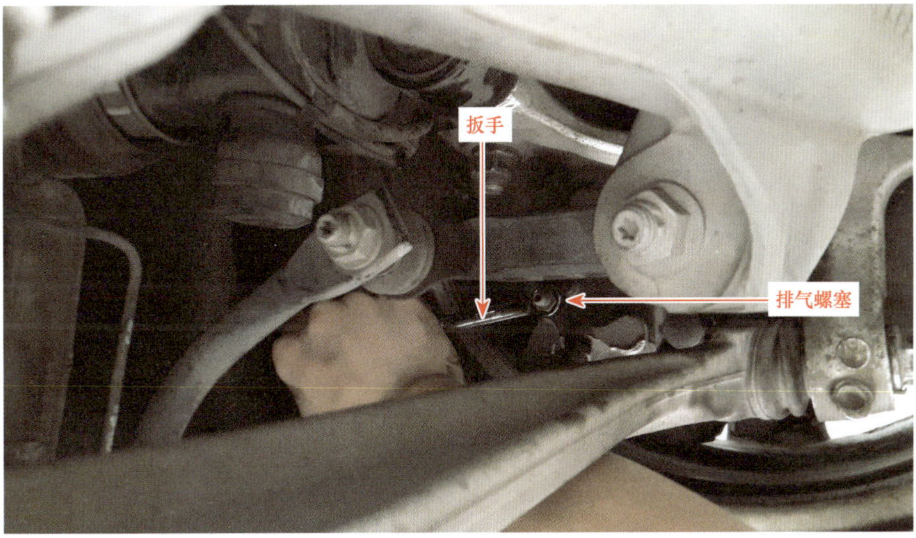

拧松排气螺塞

（4）在排气螺塞上连接制动液收集器的吸管，然后打开制动液收集器的进气阀门，此时旧制动液将被吸到容器中，让其抽吸制动轮缸制动液 5min 左右，并随时添加制动液，直到观察到吸管内的制动液颜色由深灰色或黑色变为半透明的黄色即可将排气螺塞拧紧。用同样的方法对其他 3 个车轮的制动轮缸进行排气操作。

抽吸制动轮缸制动液

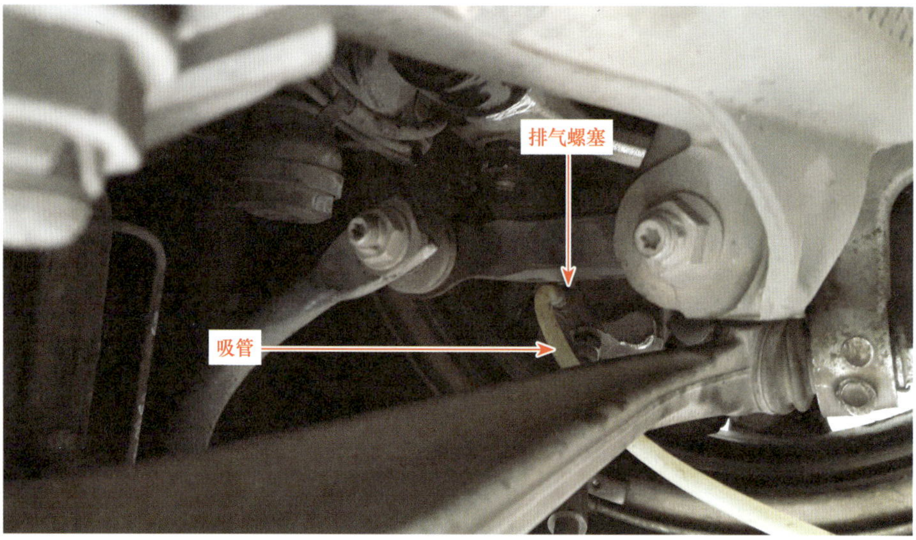

抽吸制动轮缸制动液

（5）向储液罐添加制动液，直到达到上限位置为止。

添加制动液

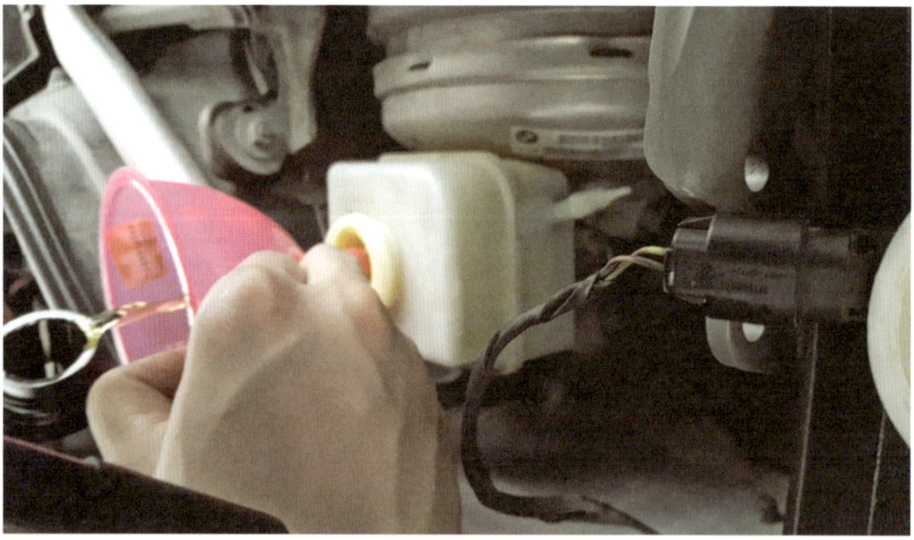

添加制动液

（6）当制动轮缸的制动管路空气排干净后，将 4 个制动轮缸排气螺塞上的防尘帽盖好。

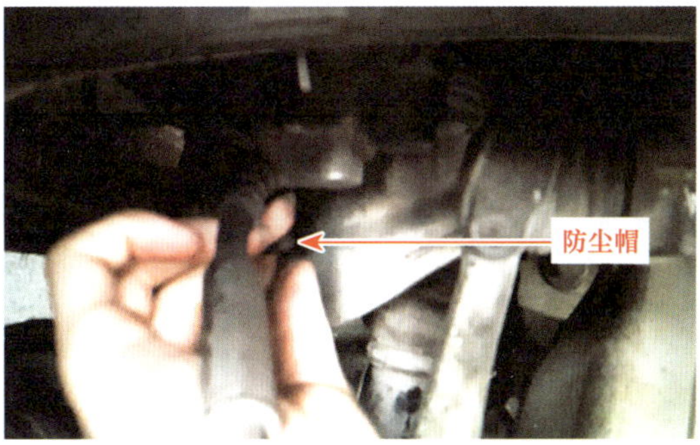

盖好排气螺塞的防尘帽

36. 改装减振器

（1）首先准备好一套与原车型匹配的减振器。

改装的减振器

（2）拆卸车轮，然后拆下减振器夹紧螺栓及在车身的固定螺栓，接着从减振器顶部拆下减振器装配螺母。从减振器顶部拉出减振器总成，但小心不要刮花车身。按照相反的顺序安装好前减振器总成。

拆装前减振器总成

（3）拆卸后减振器底座的安装螺栓，然后拆卸后减振器的顶部螺母，取下后减振器和后螺旋弹簧。安装时将新的后螺旋弹簧和后减振器安装到安装底座上，然后用千斤顶支撑后螺旋弹簧和后减振器的底座，将后减振器的顶部螺母拧紧后再移开千斤顶。

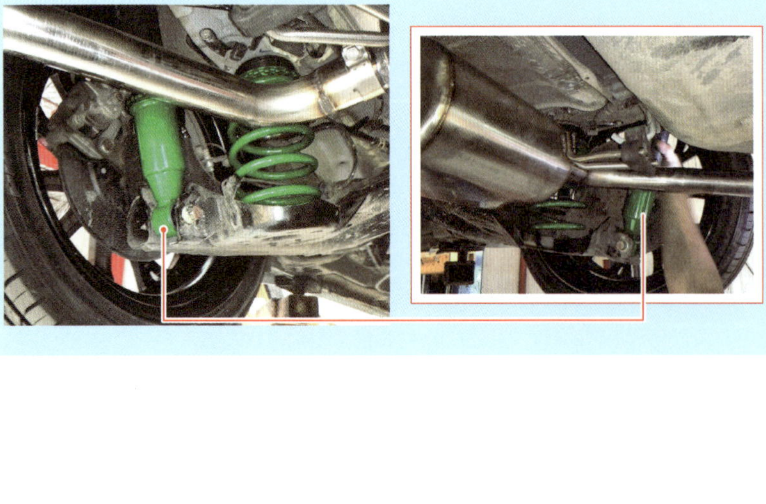

拆装后减振器及后螺旋弹簧

相关知识

越野赛车竞技型的绞牙减振器套件很常见外挂氮气罐的配置，它能够自动适应平坦或颠簸路面，自行调节减振器的软、硬程度，以增加驾驶者的行车舒适感及乐趣，同时也顾及高速颠簸行车时的安全。

外挂氮气罐绞牙减振器由上下两根弹簧多重支撑，不仅拥有良好的舒适性，在越野攀爬时也如履平地。

前绞牙减振器套件

后绞牙减振器套件

37. 汽车轮辋改色

（1）从汽车上拆下轮胎，使用扒胎机将轮胎与轮辋分离，再使用气动打磨机将轮辋的锈斑或划痕打磨掉。打磨时，要在通风良好的环境下进行。

打磨轮辋

（2）将打磨干净的轮辋用自来水清洗干净，然后用细砂纸一边水磨，一边进行清洗，直到将轮辋彻底清洗干净。

水磨轮辋

水磨轮辋

（3）将水磨干净后的轮辋放到通风良好的地方让其自然晾干，必要时可以使用压缩风枪将其吹干。

自然晾干轮辋

（4）当轮辋晾干后，使用浸蘸有除油剂的纸巾或毛巾将轮辋擦拭一遍，然后使用喷枪在轮辋表面均匀地喷上一层改色漆。等待改色漆干燥后再喷上一层清漆。如有必要，可对其表面进行一遍抛光。

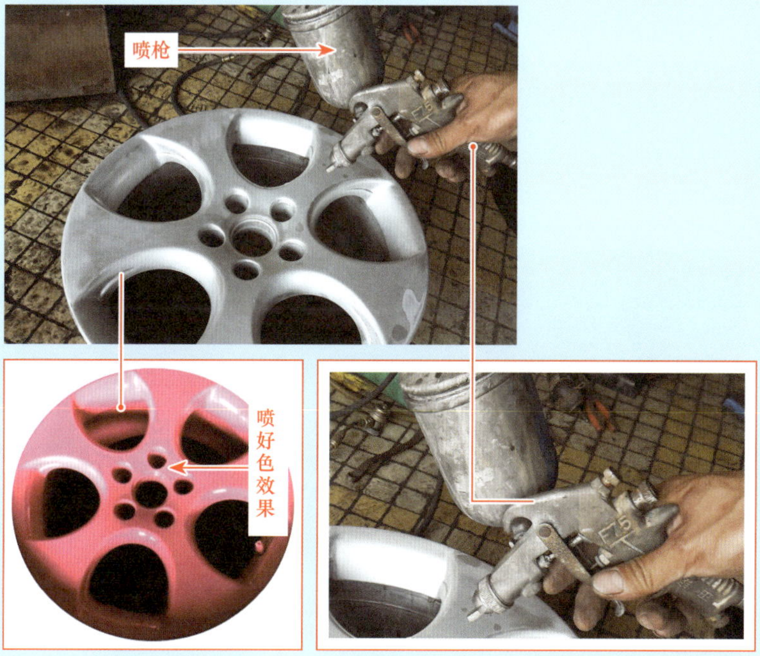

喷改色漆

（5）使用扒胎机将轮胎重新安装好，然后装到汽车上即可达到炫幻的效果。

轮辋改色的效果

相关知识

拆卸轮胎的方法如下：

(1) 首先将轮胎放气，然后在扒胎机上使用分离铲将外侧轮胎与轮辋松开；将轮胎换过一面，然后将内侧轮胎与轮辋松开。注意：分离轮胎时要尽量避开气门嘴位置。

分离轮胎与轮辋

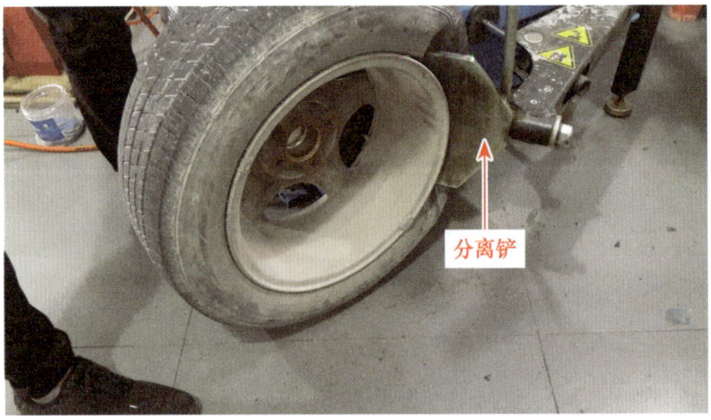

分离轮胎与轮辋

（2）将轮胎放到扒胎机的工作台上，然后通过操作脚踏开关将其夹紧在扒胎机工作台上。

轮胎夹紧在扒胎机上

（3）通过操作脚踏开关，使拆装器抵触轮辋边沿，用撬杠将轮胎凸缘撬起并滑抬至拆装器的拆卸凸块之上、滑轨之下。

安装拆装器

（4）踏下转动开关，转盘将带动轮胎旋转，拆装器便能自如地将外侧轮胎从轮辋上卸下。

从轮辋上卸下外侧轮胎

从轮辋上卸下外侧轮胎

（5）当外侧轮胎卸下后，将内侧轮胎滑抬至拆装器的拆卸凸块之上、滑轨之下。按同样的方法可将内侧轮胎从轮辋中卸下。

从轮辋上卸下内侧轮胎

（6）图为取下轮胎后的轮辋。操作脚踏开关将轮辋从扒胎机工作台上松开即可拿下轮辋。

从轮辋上卸下内侧轮胎

轮辋

（7）将轮辋重新夹紧在扒胎机工作台上，然后在轮胎边沿涂抹上一层润滑剂。将轮胎内侧边沿斜置于轮辋上，使轮胎凸缘前部引入拆装器装拆滑轨上，然后踏下转动开关使轮辋转动而将新轮胎内侧装入轮辋。

安装轮胎内侧面

（8）将轮胎外侧边沿往下压，使轮胎凸缘前部引入拆装器装拆滑轨上，然后踏下转动开关使轮辋转动而将轮胎外侧装入轮辋。注意：装入轮胎时要按照轮胎的安装标记进行对位安装。

安装轮胎外侧面

安装轮胎

（9）安装好轮胎之后，将充气枪上的充气头与轮胎的气门嘴相连，然后先用 300kPa 的气压给轮胎充气，使轮胎凸缘嵌入轮辋的轮沿内。根据车辆轮胎标准值将轮胎气压调整到规定值，拧上气门嘴盖并将车轮从扒胎机工作台上取下即可。此外，如有必要则用动平衡机对车轮进行动平衡调整。

给轮胎充气

38. 汽车底盘装甲

（1）将底盘上附着的沙石及脏污清洗干净，然后在举升机工位将汽车安全地举升，再拆下 4 个轮胎及轮弧的内衬。

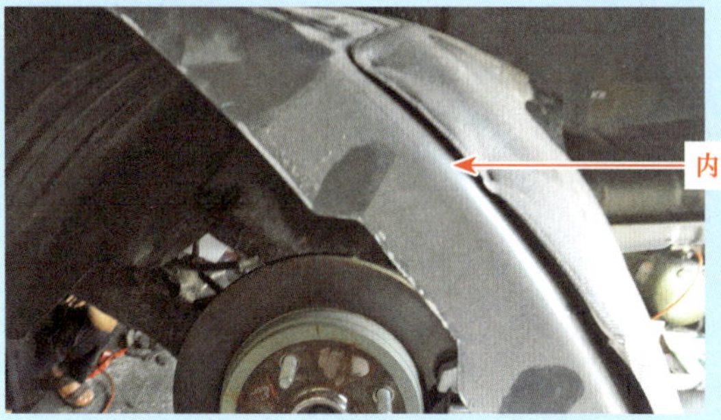

拆下轮胎及轮弧的内衬

（2）用报纸将车身周围的裙部遮蔽起来，避免被底盘装甲涂料溅脏。

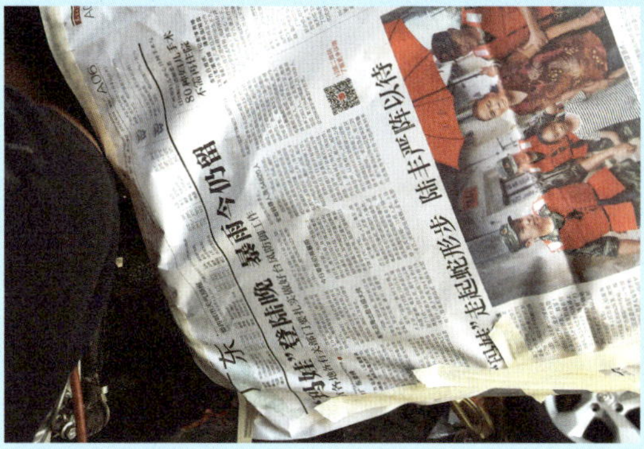

车身周围遮蔽

（3）技师要戴好防毒口罩，然后充分摇晃盛有底盘装甲涂料的容器，再将喷枪伸进轮弧内，将底盘装甲涂料均匀地喷在轮弧内的钣金件上。其他轮弧也采用同样的方法进行喷涂。

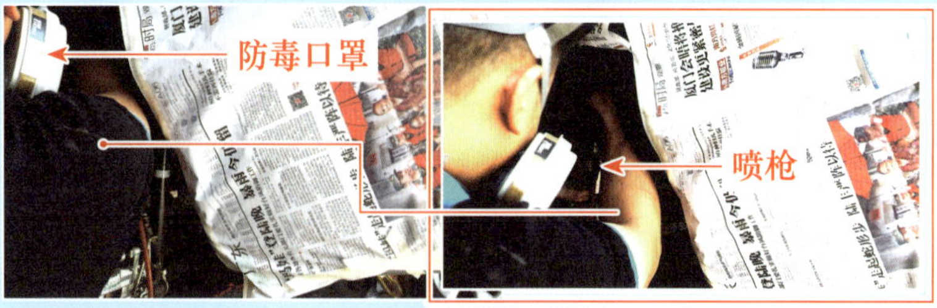

轮弧喷底盘装甲涂料

轮弧喷底盘装甲涂料

（4）用喷枪将底盘装甲涂料均匀地喷在底盘底部及其他需要防锈的部位。

底盘喷底盘装甲涂料

底盘喷底盘装甲涂料

（5）等待喷涂部位的底盘装甲涂料干燥后，底盘装甲应分布均匀，呈黑色颗粒状。取下遮蔽的报纸，同时按照相反的顺序安装好轮胎及其他拆下的相关部件，最后做好现场清洁工作。

喷底盘装甲涂料后的效果

相关知识

汽车底盘装甲主要作用是防锈，它是在汽车底盘的下面喷涂一层 2~4mm 厚的弹性密封的底盘装甲涂料，让其形成一层厚厚的铠甲，因此称为“底盘装甲”。汽车底盘装甲主要喷在汽车底板、轮弧、挡泥板、挡泥板衬边、汽车下围板、燃油箱底部及其他可能发生腐蚀的部位。

底盘装甲涂料

第 5 章 汽车灯光仪表改装

39. 汽车氙气灯改装

（1）首先准备好新的氙气灯套装。

氙气灯套装

（2）打开前照灯开关，使用试灯确认前照灯的电源线（如改装近光灯则确认近光灯的电源线）。

确认近光灯的电源线

确认近光灯的电源线

（3）用引线将近光灯的电源线束引接出来。在接线过程中，如果空间不够则应拆开前照灯附近的部件，改装好氙气灯后重新装复即可。

接近光灯的电源线束

接近光灯的电源线束

（4）拆开前照灯密封盖，然后从灯座上取下近光灯的卤素灯泡，再用电钻在前照灯密封盖上钻一个穿线孔。

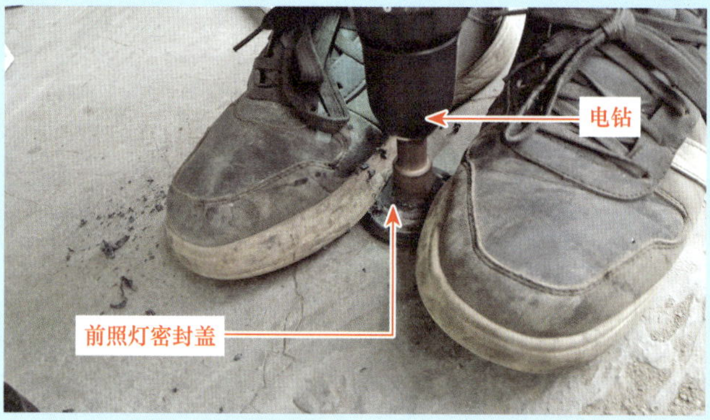

在前照灯密封盖上钻穿线孔

密封盖钻穿线孔

（5）将氙气灯的线束穿过前照灯密封盖上的穿线孔，然后将其密封牢固。

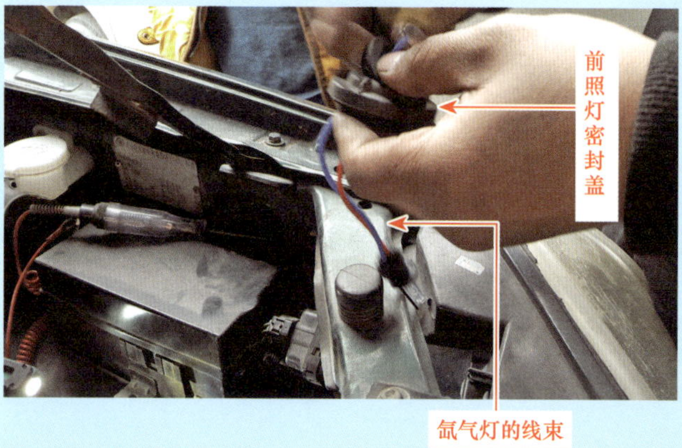

穿氙气灯的线束

密封盖穿氙气灯的线束

（6）将氙气灯灯泡固定在灯座内，然后将灯泡的夹具固定好，再盖好前照灯密封盖。

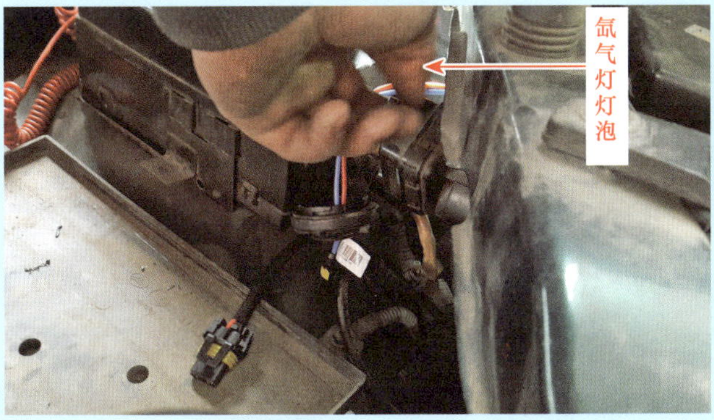

安装氙气灯灯泡

安装氙气灯灯泡

（7）将氙气灯的安定器插接器与氙气灯灯泡插头及近光灯的电源线束连接好。

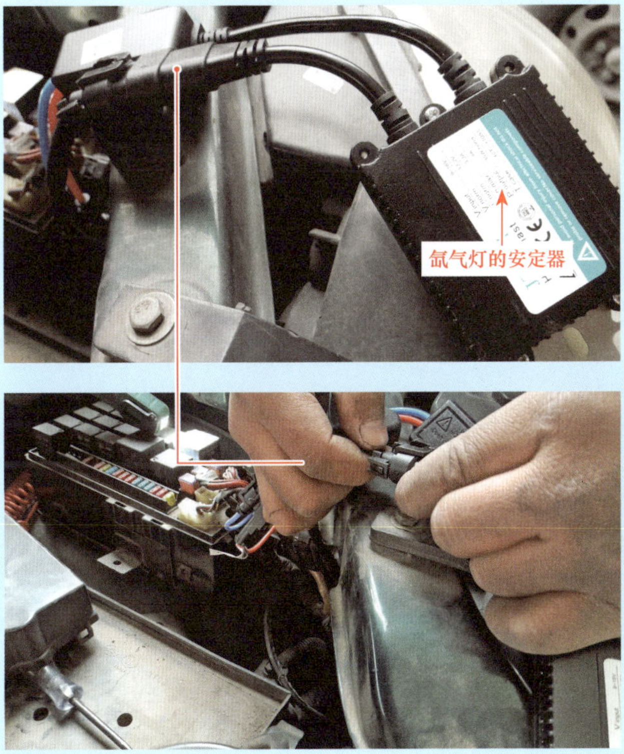

连接插接器

连接插接器

固定安定器

（8）在安定器背面安装上固定铁片，然后将其安装在前照灯总成附近且搭铁良好的位置。

固定安定器

（9）打开近光灯，检查氙气灯的工作情况，确保氙气灯正常工作即可。

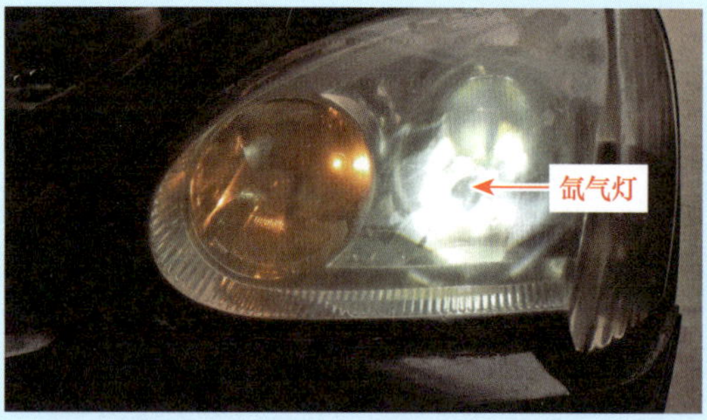

氙气灯正常工作

（10）对改装后的前照灯光束进行调整，具体方法如下：

1）在平坦地面上停好汽车，并使汽车处于无负荷状态。

2）把汽车调整至距离墙面（作为调整屏幕）10m 左右，然后在前照灯调整屏幕上画出垂直线（垂直线穿过前照灯中心）和水平线（水平线穿过前照灯中心）。

3）起动发动机保持对蓄电池进行充电，然后打开前照灯，使用垂直和水平调整螺钉分别对近光和远光光束进行调整至合格位置即可。

调整灯光光束

相关知识

氙气灯的全称是 HID（High Intensity Discharge）气体放电灯，它利用配套电子镇流器，将汽车 12V 电压瞬间提升到 23kV 以上的触发电压，将氙气灯中的氙气电离形成电弧放电并使之稳定发光，提供稳定的高亮度光线。氙气灯的接线方法如图所示。

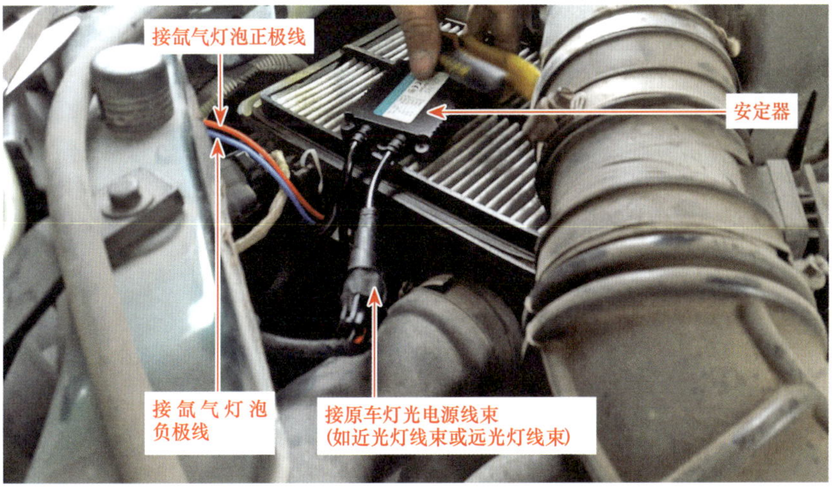

氙气灯的接线方法

40. 汽车门灯改装

（1）首先拆卸门把手固定螺钉，用塑料板撬松边角的卡子，然后向外掰开内饰板，此时可以拆开内饰板线束插接器，并取下车门内饰板。

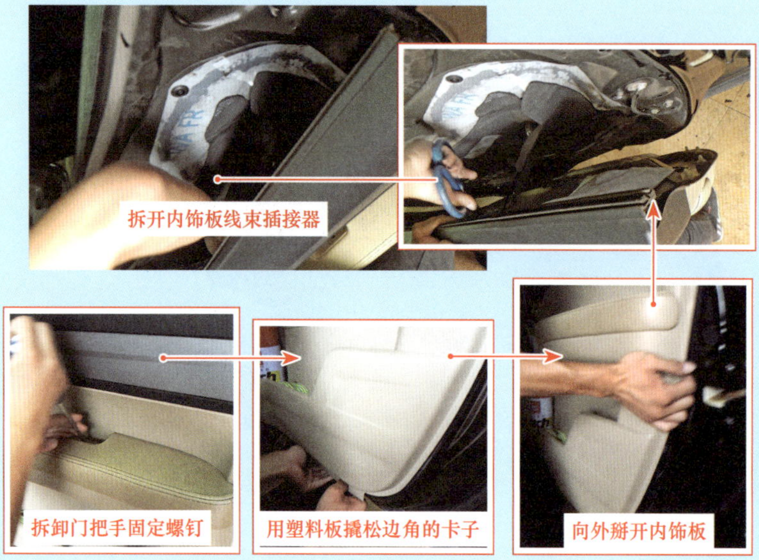

拆卸车门内饰板

拆卸车门内饰板

（2）在车门内饰板下边缘用电钻钻一个与车门灯大小合适的安装孔，然后将车门灯装在车门内饰板下边缘。

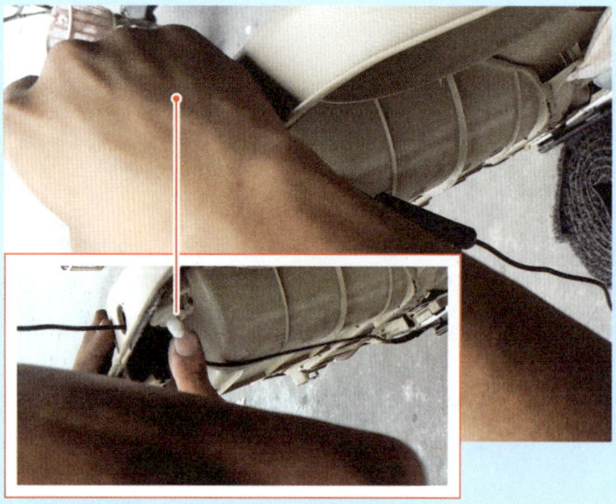

安装车门灯

（3）用十字槽螺钉旋具拆开 B 柱内饰板上的挂钩，然后拆开 B 柱的内饰板。

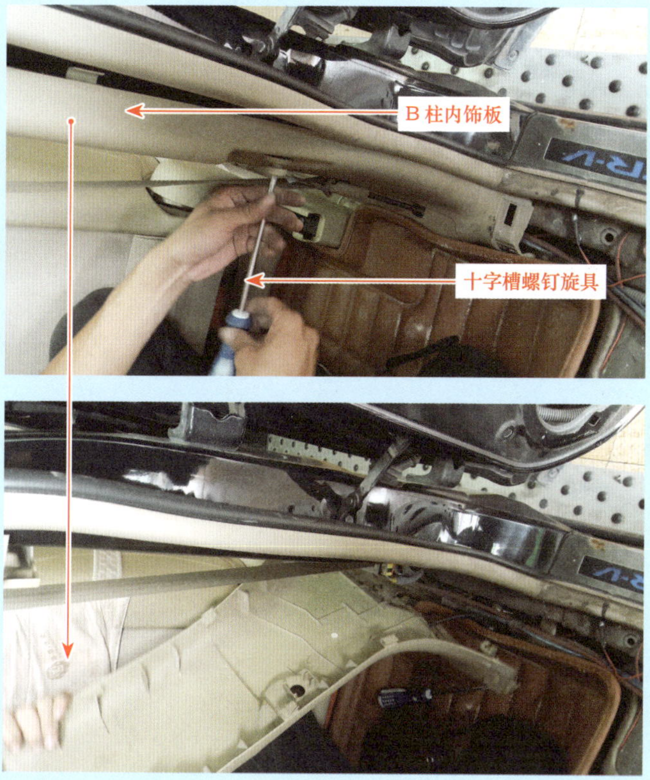

拆卸 B 柱的内饰板

拆卸 B 柱的内饰板

（4）从门灯开关处向车门布置 2 条车门灯线束。

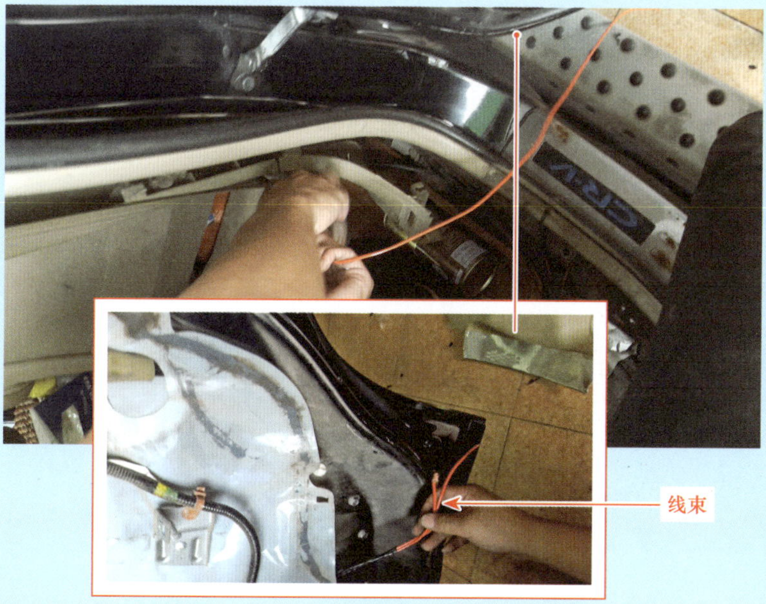

布置车门灯线束

布置车门灯线束

（5）拆开门灯开关的紧固螺钉，然后将门灯开关的线束往外拔出。

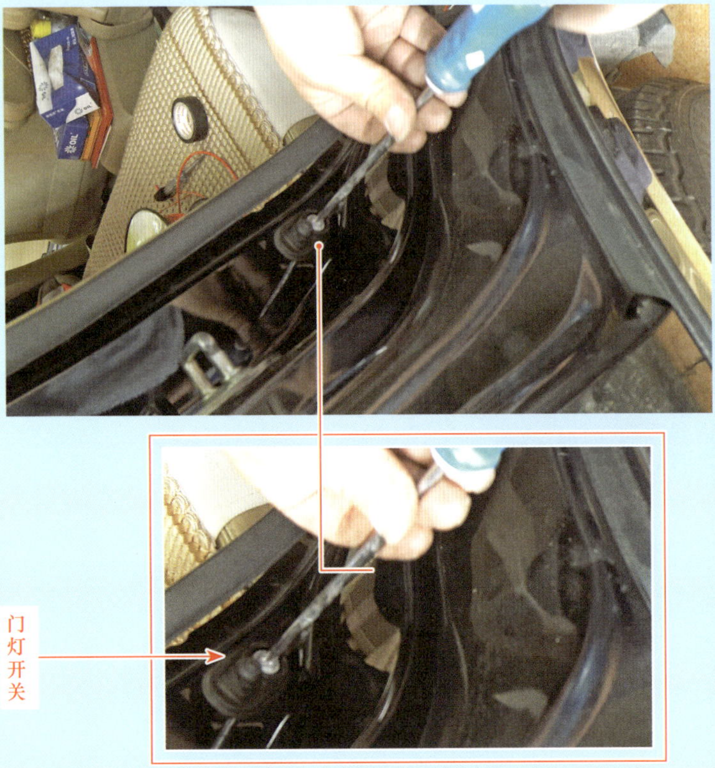

拆卸门灯开关

（6）将引线接在门灯开关的线束上并包扎牢固，然后将门灯开关重新安装好。

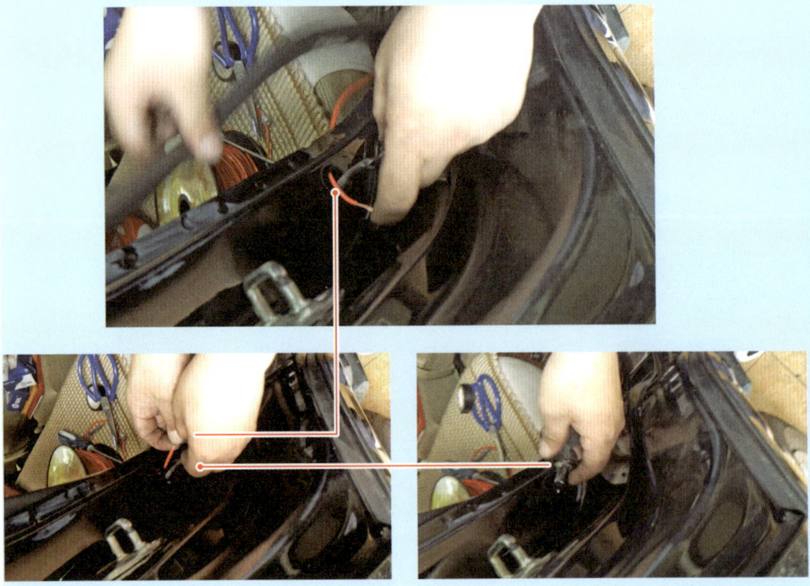

门灯开关接线

门灯开关接线

（7）将门灯的线束接到布置的引线上，然后用电工胶布包扎牢固，同时要确保门灯此时是亮的。

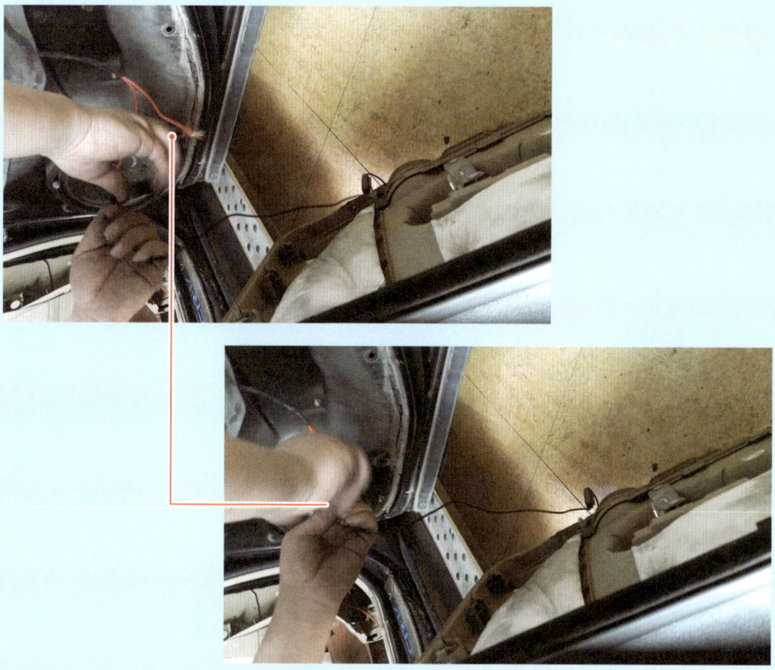

接门灯引线

（8）按照相反的顺序将车门内饰板安装好。

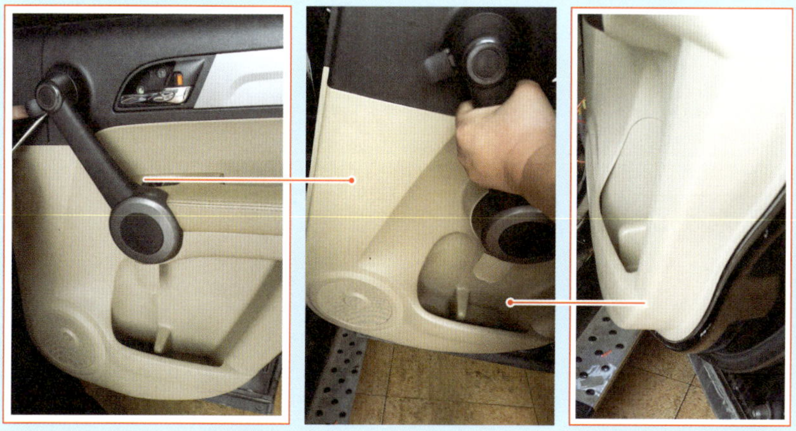

安装车门内饰板

接门灯引线及安装车门内饰板

41. 汽车 LED 灯的改装

（1）首先准备好汽车 LED 灯组件。

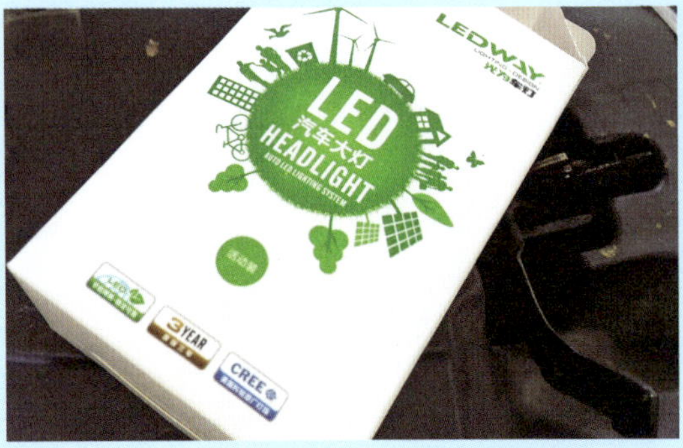

汽车 LED 灯

（2）从前照灯灯座上拆下原来的前照灯灯泡。

拆下原来的前照灯灯泡

（3）将汽车 LED 灯安装在前照灯灯座上，然后将汽车 LED 灯的插接器插到原来前照灯灯泡的线束插头上。

连接插接器

（4）用扎带将线束固定在前照灯附近的其他线束上，避免线束晃动导致插接器接触不良的故障。另一边汽车 LED 灯的安装方法相同。

扎带固定线束

（5）安装好汽车 LED 灯后，打开前照灯开关，确保汽车 LED 灯正常工作即可。

汽车 LED 灯正常工作

汽车 LED 灯的改装

42. 汽车内饰氛围灯改装

（1）以宝马改装内饰氛围灯为例，首先准好一套汽车内饰氛围灯，一般包括线束、氛围灯以及门拉手饰板等部件。

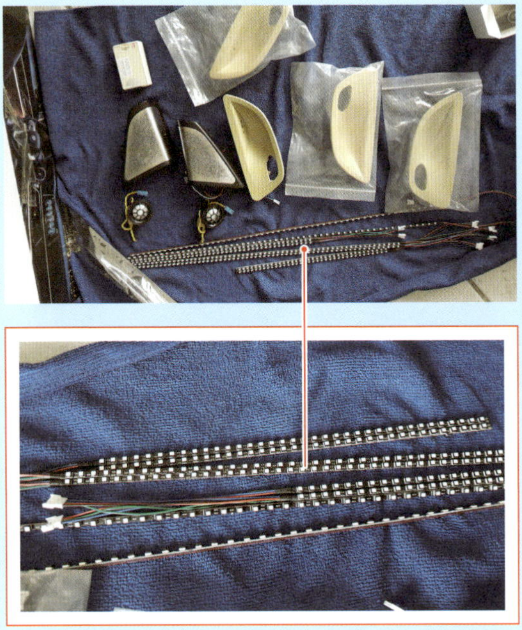

内饰氛围灯配件

（2）拆开四个车门的内饰板，然后将四个车门的线束分别布置到每个车门上，再按照说明书将总线的信号线接到多功能控制盒上。

布置线束

（3）从车门的内饰板上拆下每个装饰条，然后将氛围灯的灯条粘贴在装饰条的内表面，将装饰条安装到车门内饰板上，再将车门内饰板安装好，并将氛围灯的插头插好。

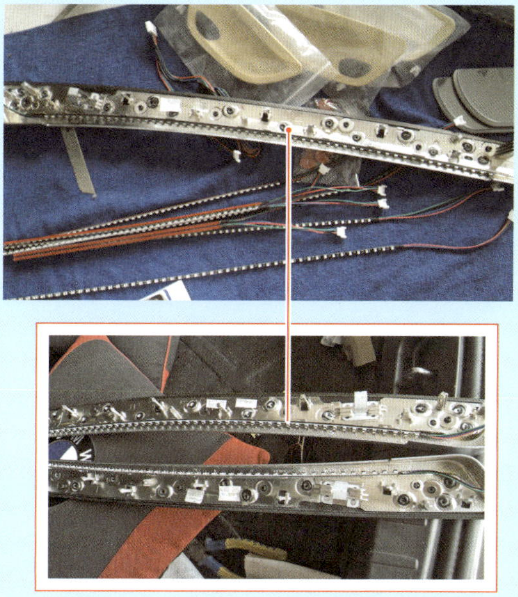

装饰条粘贴氛围灯条

（4）此外，必须借助故障诊断仪对车身控制单元的电脑板进行刷新，刷新成功后通过多功能控制旋钮即可控制氛围灯的工作。

氛围灯控制

43. 车内阅读灯改装

（1）以兰德酷路泽汽车改装车内阅读灯为例，首先使用定位框在顶篷上定好阅读灯的安装位置，然后用电工胶布做好标记或用铅笔沿定位框内侧画好开孔框大小，再使用小刀进行切割开孔。

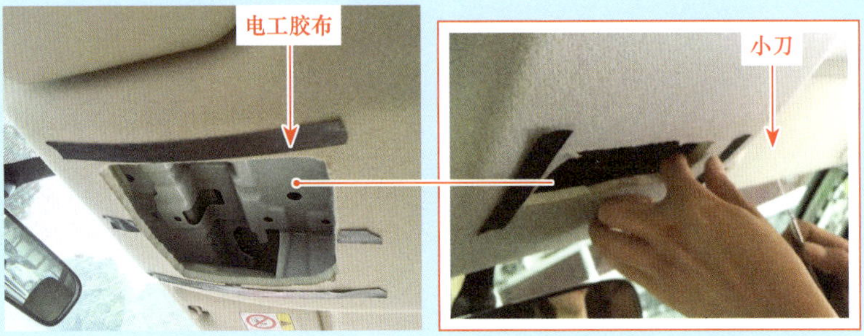

切割开孔

（2）拆开左边A柱的内饰板，引线线束从开孔口经过顶篷到A柱，然后将A柱里的原车转换插头拔出，将其插到引线线束的插口中，引线线束的插头插回原车插口。将引线线束的另一端插到车内阅读灯的插口上，再将车内阅读灯安装到顶篷上即可。

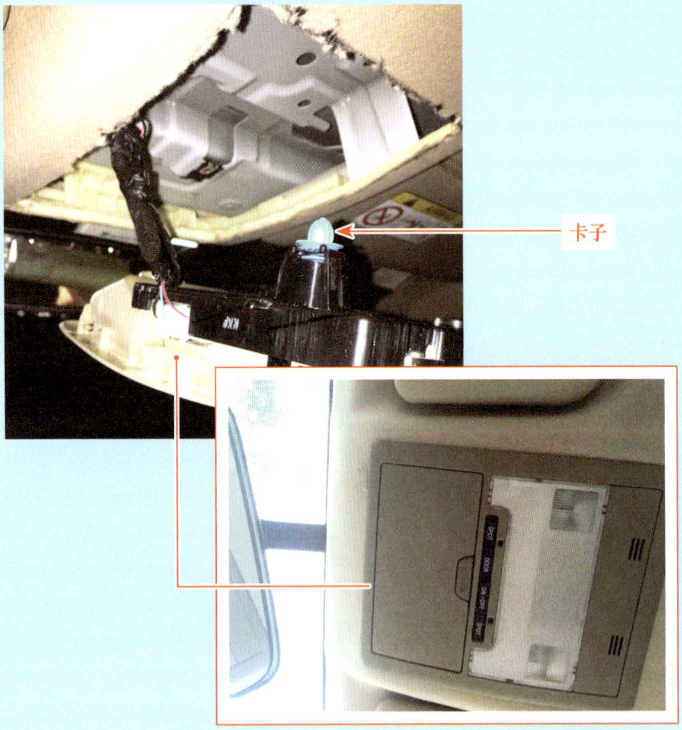

安装车内阅读灯

44. 汽车 HUD 改装

（1）首先准备好一套 HUD 专用 OBD 线缆、HUD 主机、汽车投影膜等配件。

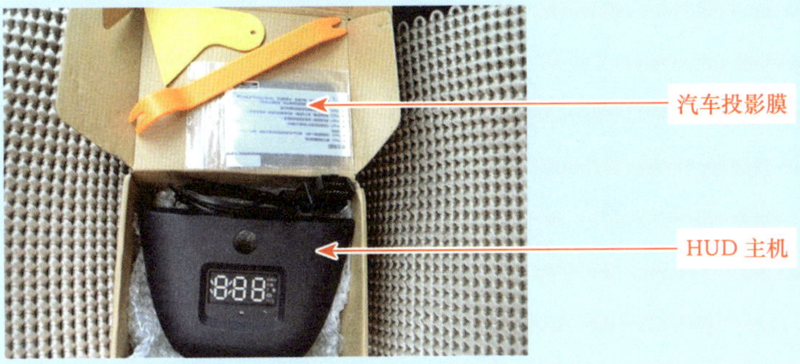

HUD 配件

（2）拆卸驾驶人侧边的护板，便于布置线束。

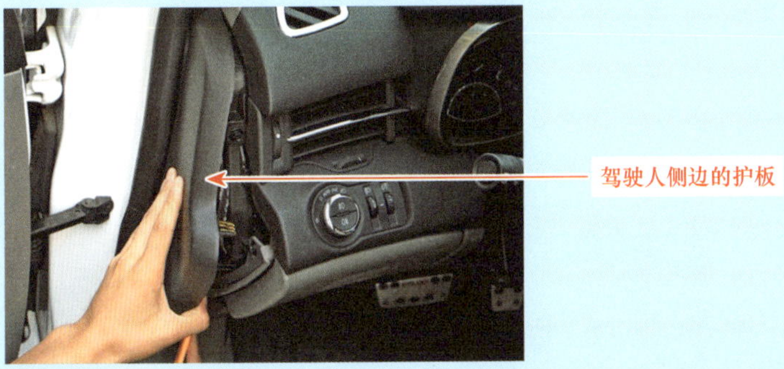

拆卸驾驶人侧边的护板

（3）从中控台上拆下前照灯传感器的安装面板，然后将前照灯传感器连同线束一起取下。

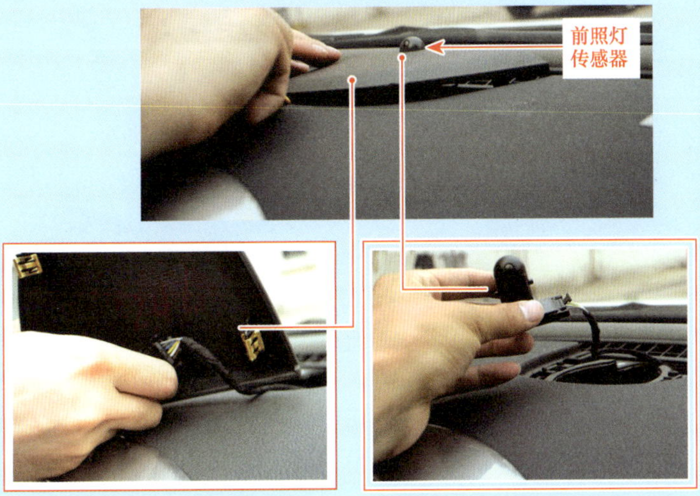

拆下前照灯传感器

布置线束

（4）将 OBD 线缆直接接在 OBD 插座上，然后将线缆沿驾驶人侧边布置到中控台上。

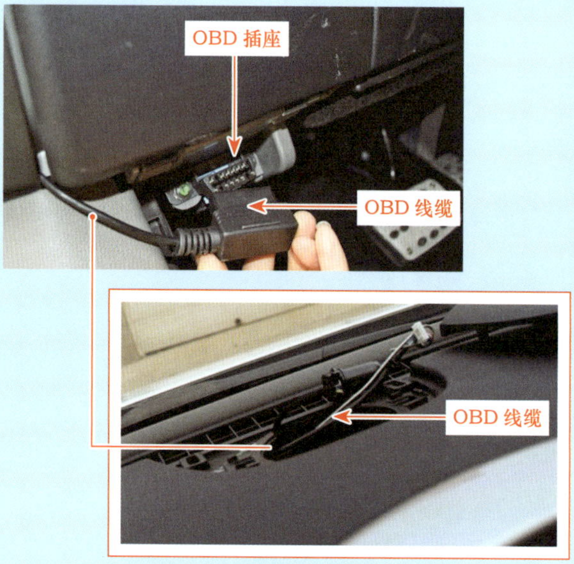

HUD 主机

（5）将线束插头接到 HUD 主机上，然后在 HUD 主机的面板上安装前照灯传感器。

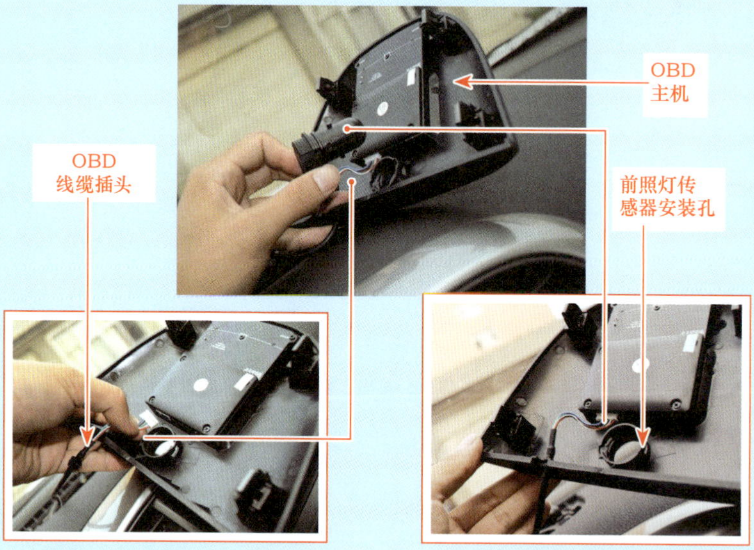

（6）将 HUD 主机安装在中控台上，然后测试 HUD 显示功能。

测试 HUD 显示功能

（7）在前风窗玻璃显示数值的位置粘贴上汽车投影膜即可。

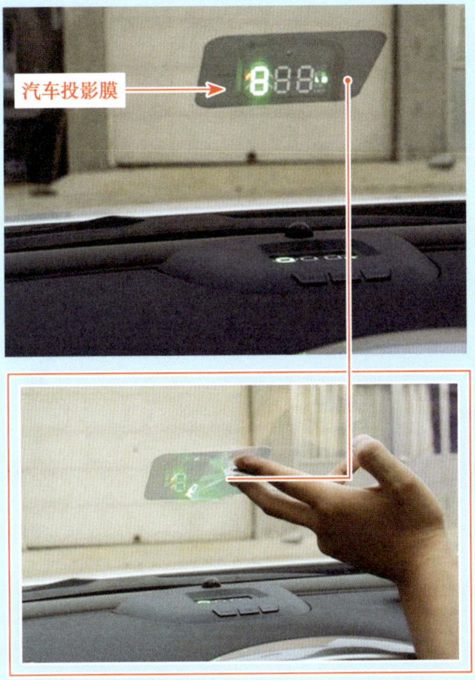

粘贴上汽车投影膜

相关知识

平视显示器（HUD）将一个虚拟图像投射到驾驶人的视野范围内，在风窗玻璃上反射出定速巡航控制数据、导航指示箭头、限速等重要信息，便于驾驶人随时了解驾驶相关情况。

平视显示器（HUD）

平视显示器（HUD）相当于一部投影装置，需要一个光源来投射平视显示器（HUD）信息。使用 LED 灯组作为光源，通过 TFT 投影显示器产生图像内容。TFT 投影显示器相当于一个滤波器，允许或阻止光线通过。

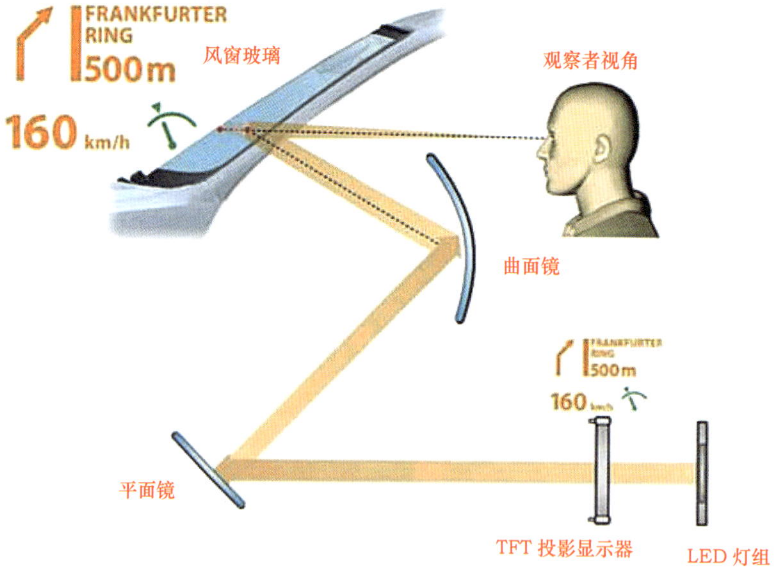

平视显示器的工作原理

由一个图像光学元件确定 HUD 显示图像的形状、距离和尺寸，图像看起来就好像自由漂浮在道路上方，风窗玻璃的作用相当于偏光镜。观察者视角要在有效的视线范围内，否则图像会出现上部截断或下部截断。

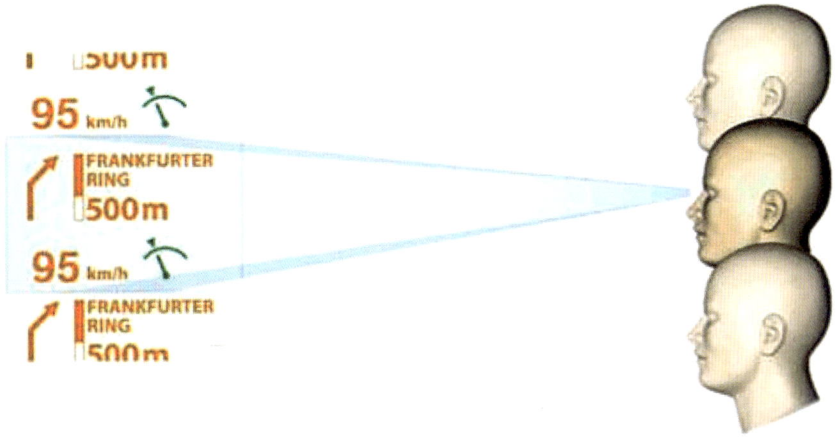

有效的视线范围

第 6 章　汽车电器改装

45. 一键起动系统的改装

（1）首先准备一套与安装车型相匹配的一键起动系统配件。

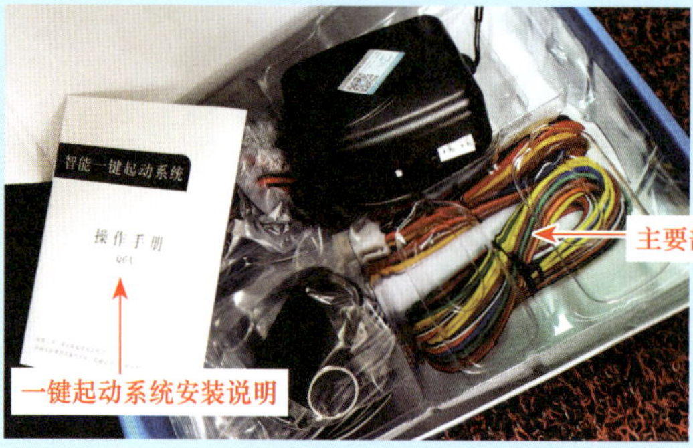

一键起动系统配件

（2）拆开仪表台与转向盘附近的饰板，把里面的待接线束拿出来。

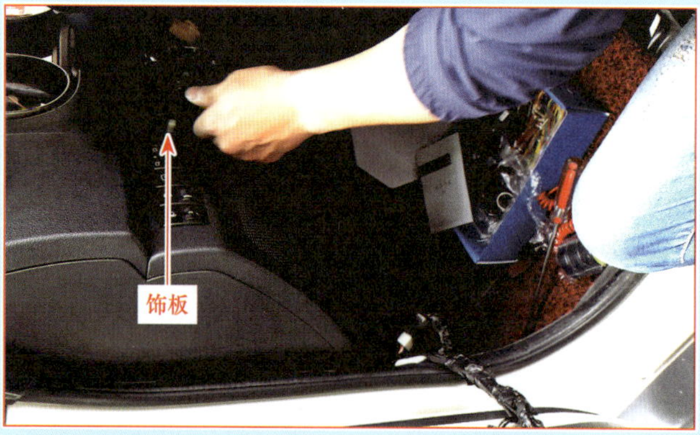

拆开仪表台与转向盘附近的饰板

（3）将延长接线束用电工胶布包扎起来。

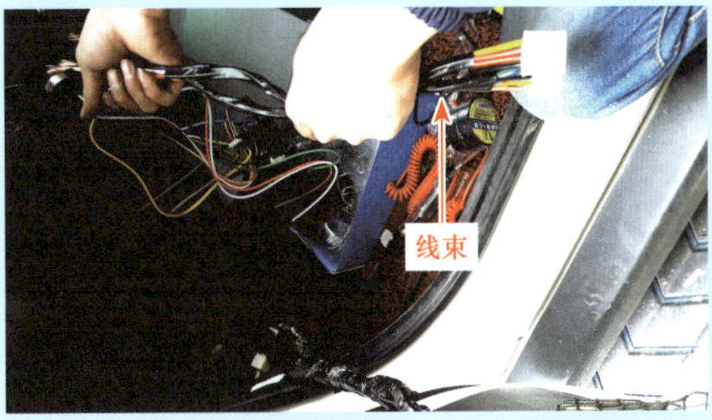

包扎延长接线束

（4）用试灯确认电源线及起动机的控制线，把一键起动系统配件线束按照安装说明书连接到控制线中。

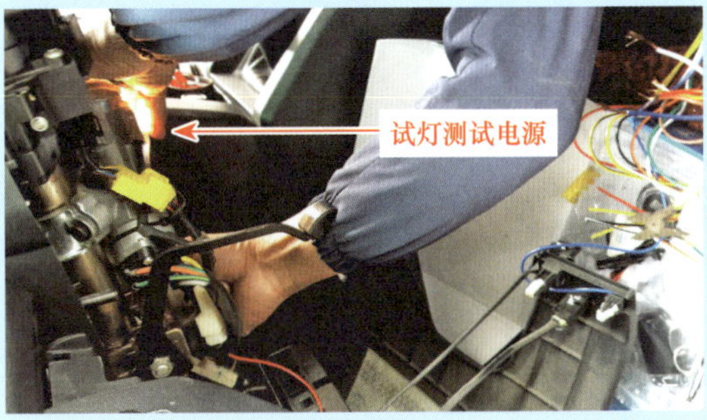

用试灯确认电源线和起动机控制线

安装电源控制线

（5）把一键起动按键安装在仪表台的饰板上，然后安装好仪表台的饰板。

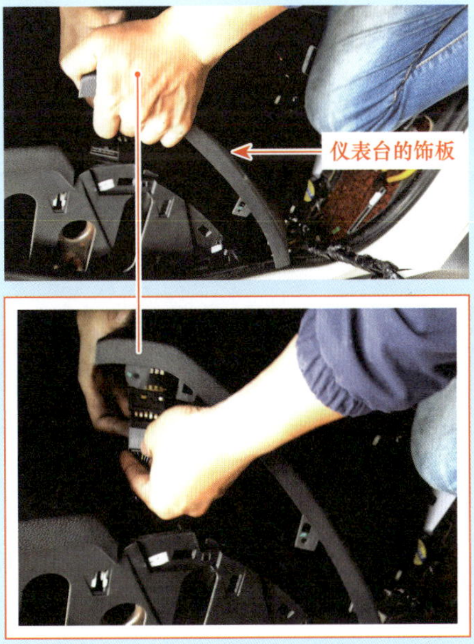

安装一键起动按键

（6）拆开左前门内饰板，然后按照安装说明书连接好“触发”信号线，再安装好左前门内饰板。

连接触发信号线

（7）将延长线束插接至一键起动系统控制单元，然后按下“一键起动按键”确认发动机能够正常起动即可。

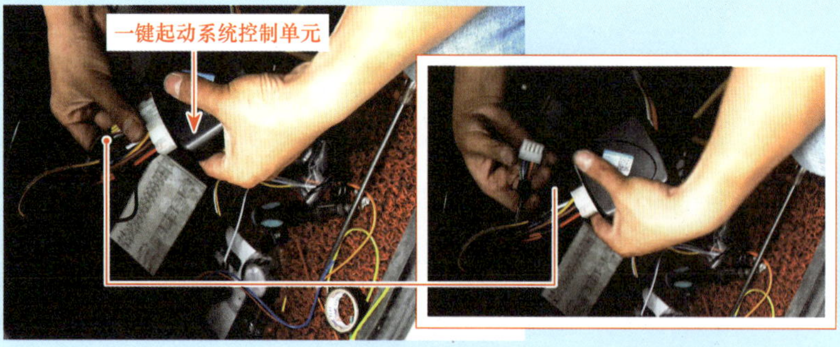

安装一键起动系统控制单元

安装一键起动系统控制单元

46. 车窗自动关闭系统的改装

（1）首先准备一套与安装车型相匹配的车窗自动关闭系统。

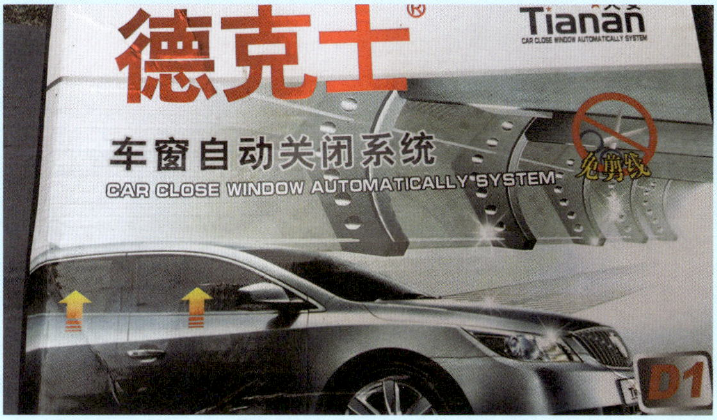

车窗自动关闭系统

（2）仔细阅读车窗自动关闭系统说明书，掌握改装车窗自动关闭系统的接线方法。

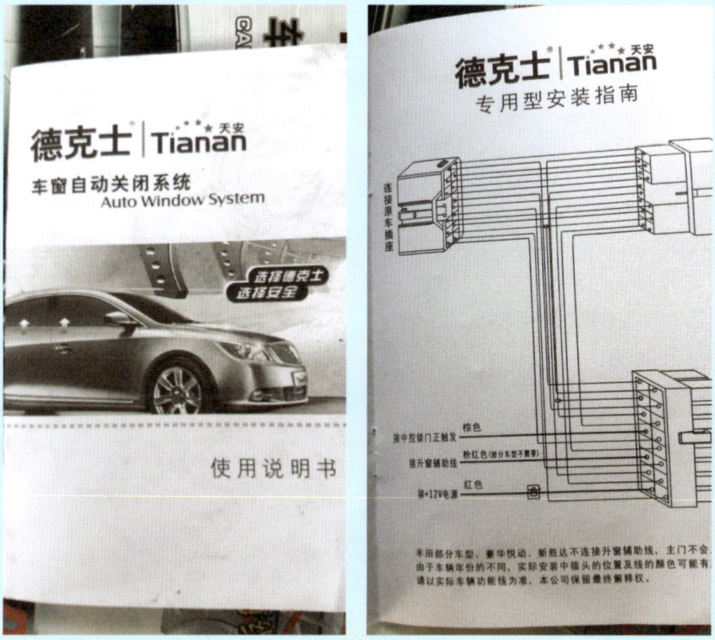

阅读车窗自动关闭系统说明书

安装车窗自动关闭系统

（3）拆下左前门内饰板，找到原车的车窗升降电动机的控制信号线，然后与加装的车窗自动升降器控制信号线连接好。

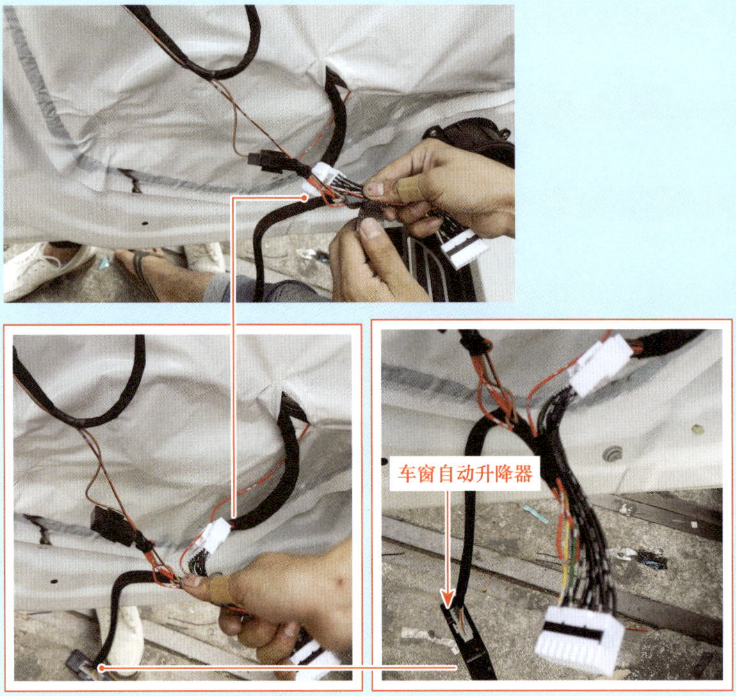

安装车窗自动升降器

（4）将车窗自动升降器固定在车门内饰板的内壁上。

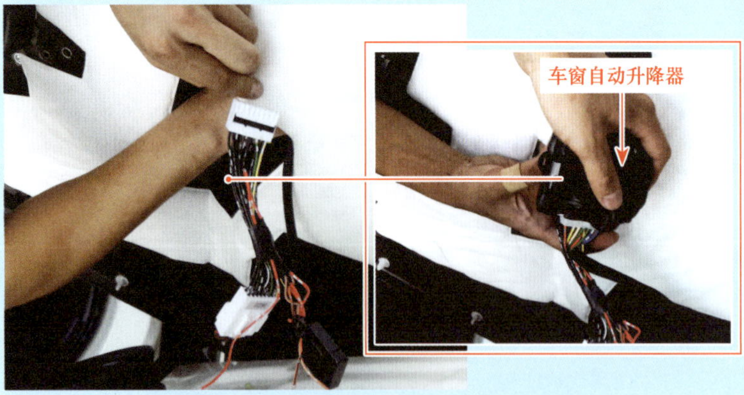

固定车窗自动升降器

（5）将左前门内饰板复原，然后测试升降器，确认其正常使用即可。

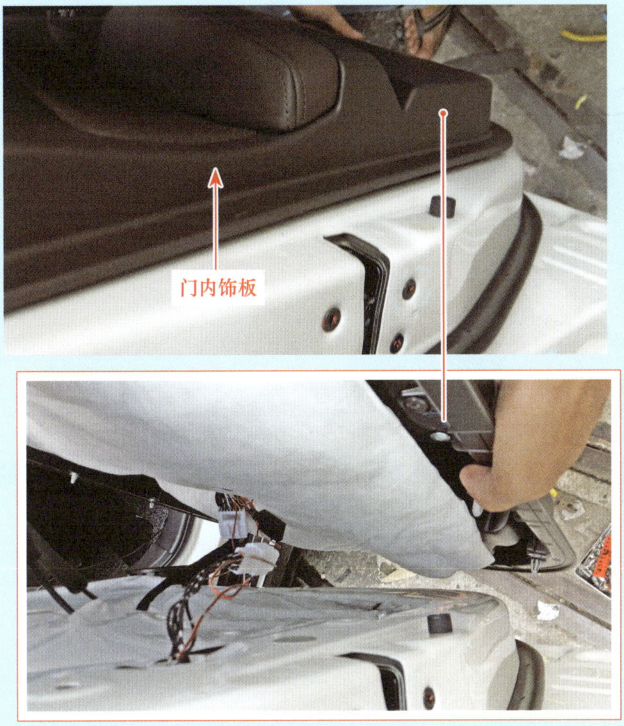

安装左前门内饰板

47. 汽车音响的改装

（1）首先准备好一套改装的音响设备，包括功放和扬声器（俗称喇叭）。

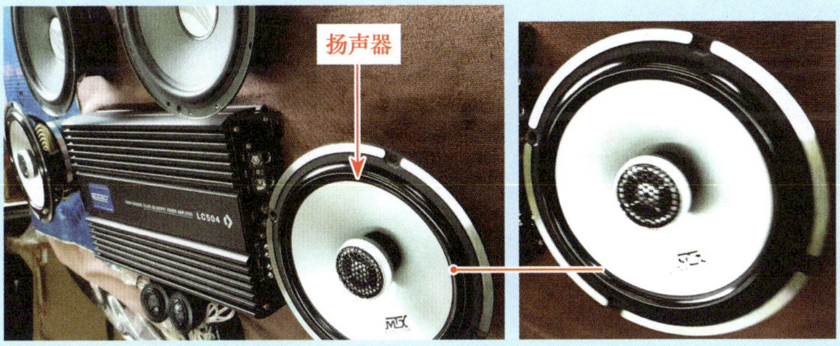

改装的音响设备

（2）首先拆卸右前门内饰板的固定螺钉，然后用塑料板将内饰板的边缘撬松，接着用力往外拉内饰板，并拔下右前门内饰板的线束插接器即可将右前门内饰板拆下。其他 3 个车门内饰板采用相同的方法拆卸。

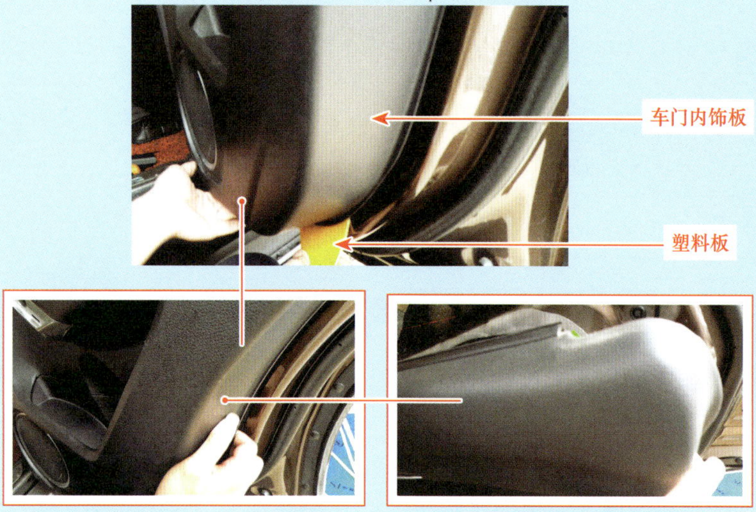

拆卸右前门内饰板

（3）用十字槽螺钉旋具拧下右前门扬声器的 3 颗紧固螺钉，然后将扬声器及其线束一起取出，并拔下扬声器插接器即可拆下右前门扬声器。其他 3 个车门的扬声器采用相同的方法拆卸。

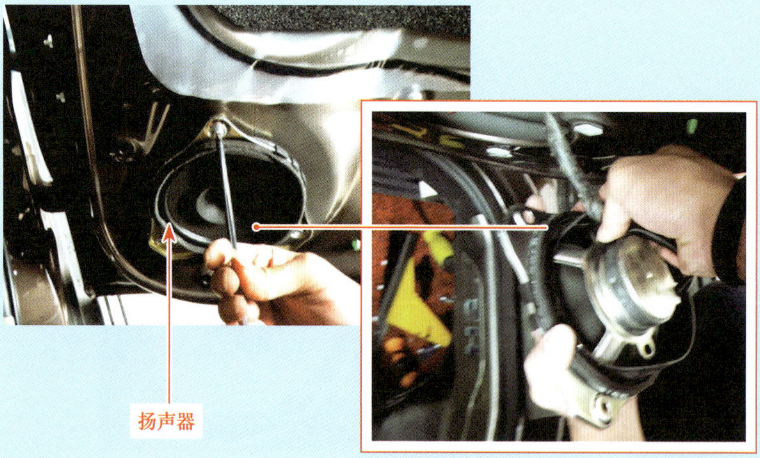

拆卸扬声器

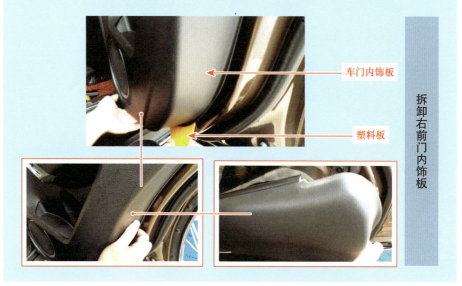

（4）在扬声器的安装位置上垫一个隔振垫，然后用电烙铁将扬声器的 2 根信号线焊接到扬声器的端子上，焊接时正负端子不能弄反。

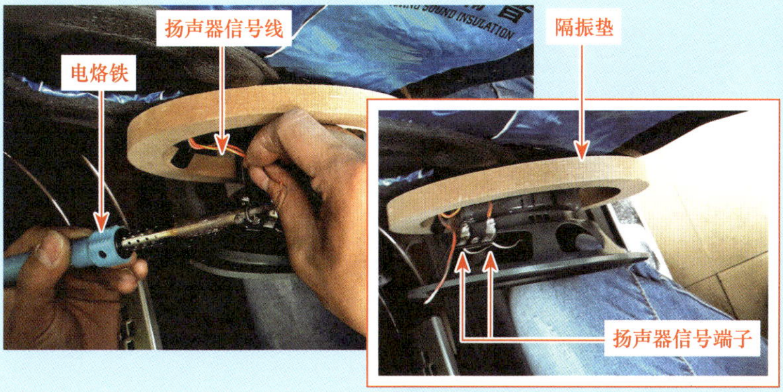

焊接扬声器信号线

（5）用电钻将扬声器及隔振垫钻一个小孔，然后用自攻螺钉将其拧牢固，用同样的方法将其他 3 颗自攻螺钉安装好。其他 3 个车门均采用同样的方法来安装扬声器。

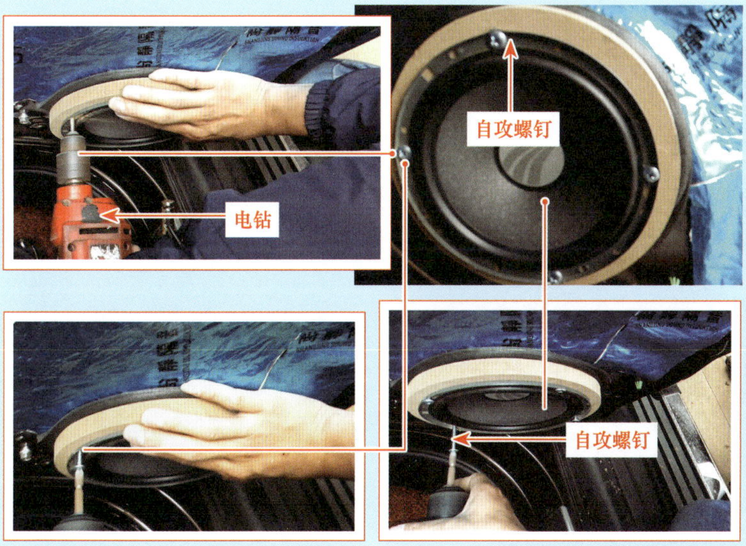

安装改装的扬声器

安装改装的扬声器

（6）拆卸变速杆的饰板，然后拆卸点烟器装置，用两只手向外拔空调控制面板的边框即可将空调控制面板卸下。

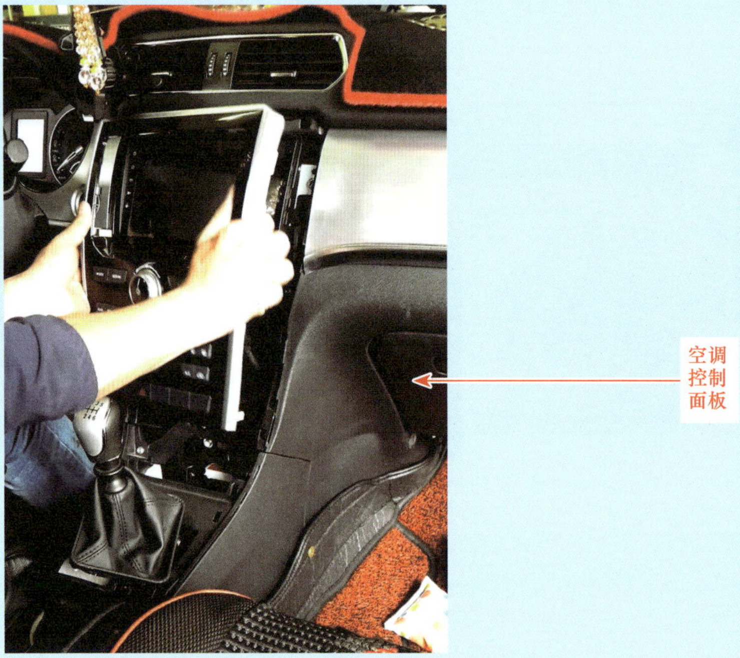

拆卸空调控制面板

（7）拔开线束插接器，然后取下空调控制面板。

拔开线束插接器

（8）拧下音响 CD 机的 2 颗紧固螺钉。

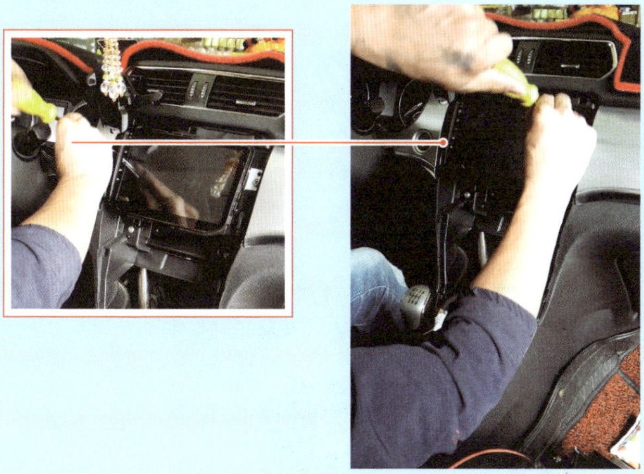

拆卸音响 CD 机的紧固螺钉

（9）拔下音响 CD 机上的插接器，然后取下音响 CD 机。

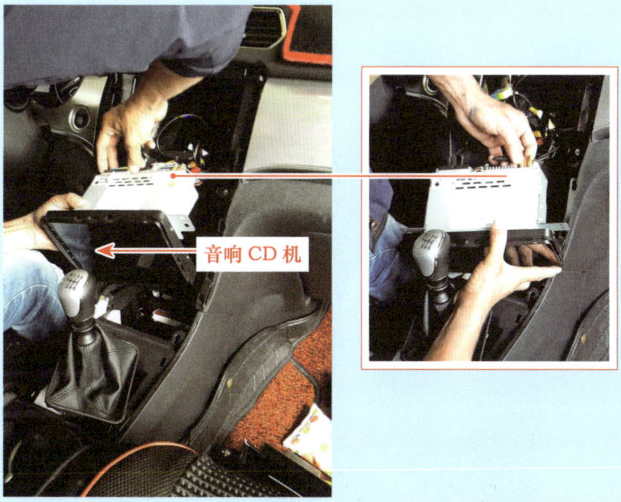

拆卸音响 CD 机

拆卸音响 CD 机

（10）将汽车功放放置在左前座椅下方，然后将汽车功放的音频输出线束布置到中控台内。

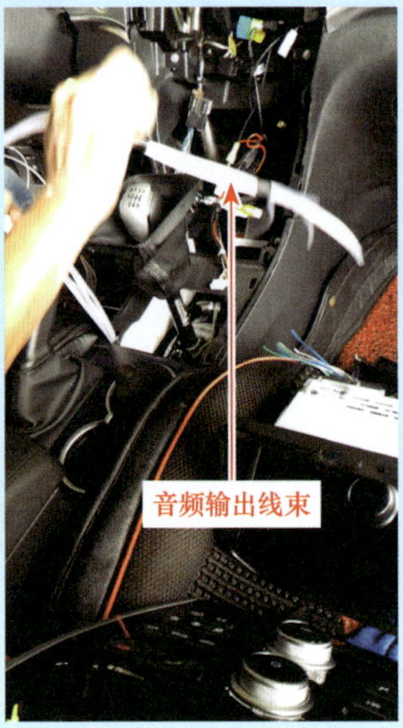

布置功放的音频输出线束

（11）根据汽车功放接线图，对分频器进行接线安装。

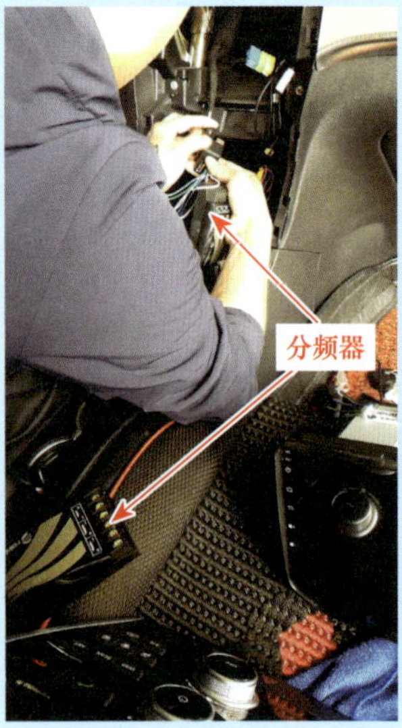

分频器接线安装

（12）对安装好后的分频器及其线束进行隐藏布置。

隐藏分频器及其线束

安装分频器及其线束

（13）从左前座椅下方引一条汽车功放电源线到发动机舱内的蓄电池处。

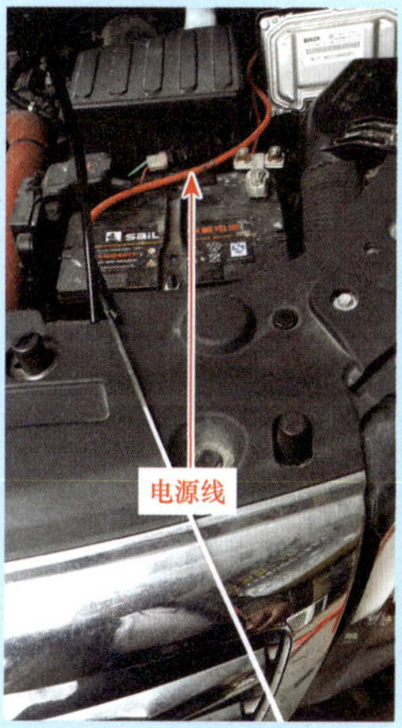

布置汽车功放电源线

布置汽车功放电源线

（14）将汽车功放电源线隐藏在门槛饰板内。

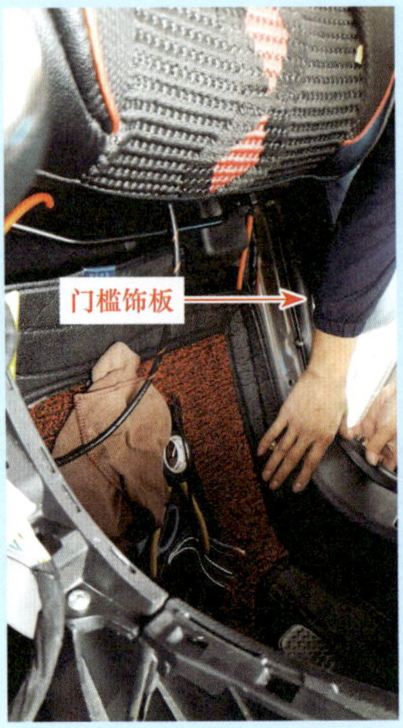

隐藏汽车功放电源线

确认音响 CD 机的汽车功放控制线

（15）用试灯确认音响 CD 机的汽车功放控制线，通过点火开关处接一条 ACC 线。

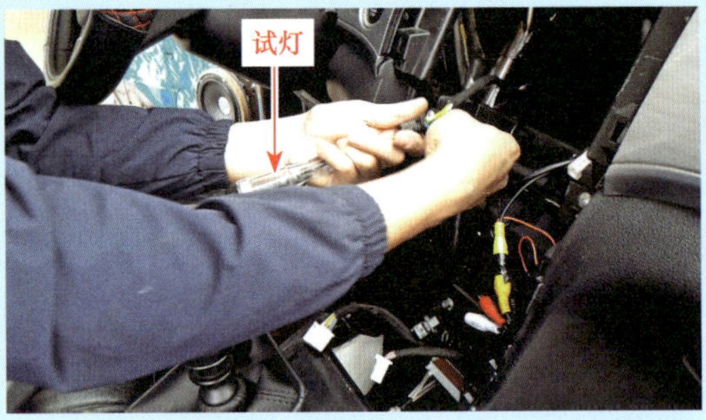

确认音响 CD 机的汽车功放控制线

（16）从左前座椅下方引一条功放控制线至仪表台。

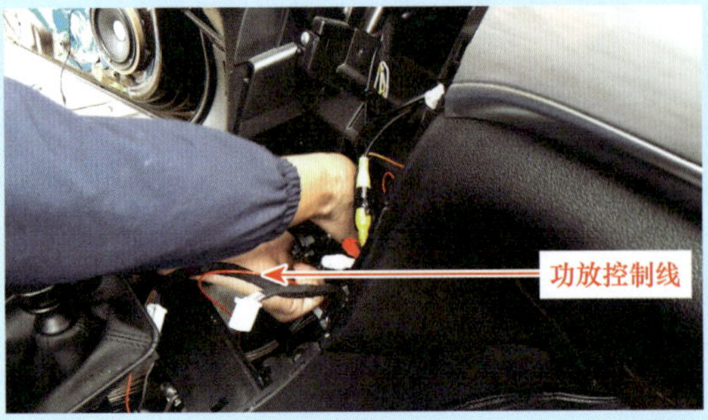

布置功放控制线

（17）连接好汽车功放控制线到音响 CD 机插接器线束上，然后用电工胶布将接口包扎牢固。

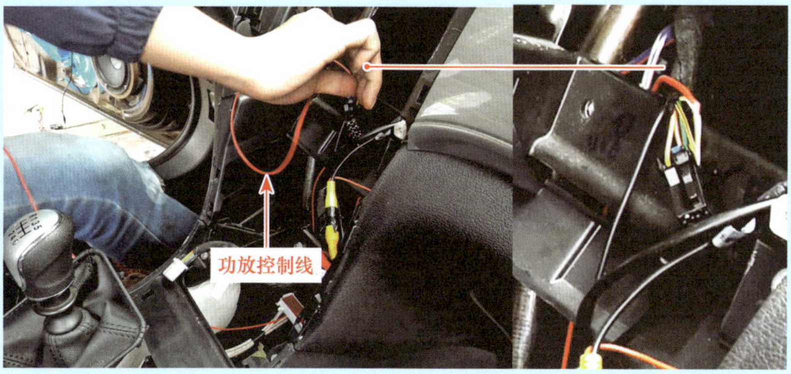

接好汽车功放控制线

接好汽车功放控制线

（18）安装音频转换器（高转低）插接器。

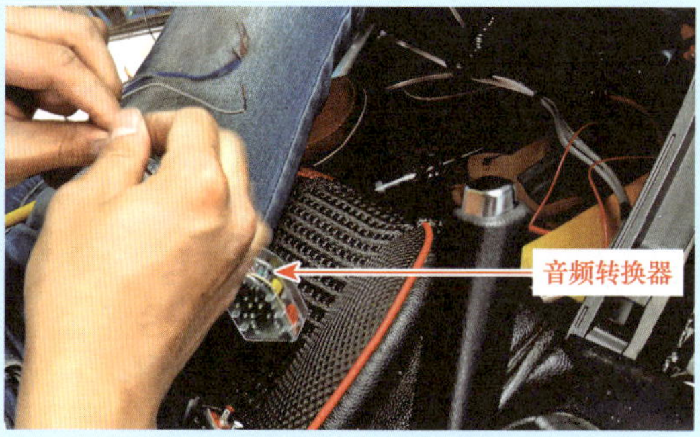

安装音频转换器

（19）接上音频转换器并布置好音频输入线束至放置汽车功放的左前座椅下方。

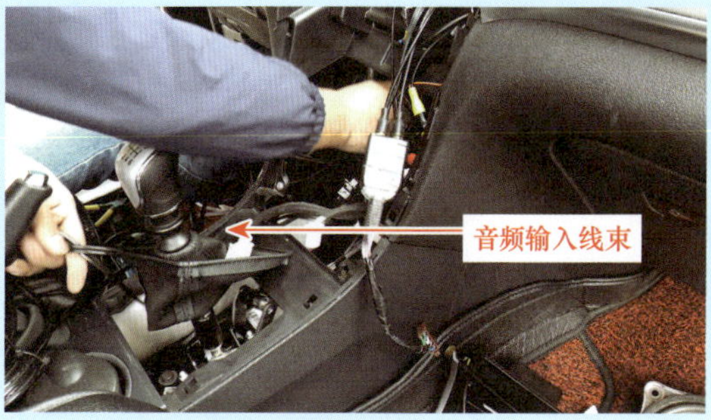

布置好音频输入线束

布置好音频输入线束

安装汽车功放电源线

（20）将汽车功放电源线接到汽车功放的 +B 端口，然后安装控制线及搭铁线，搭铁线的另一端接到座椅底部搭铁位置即可。

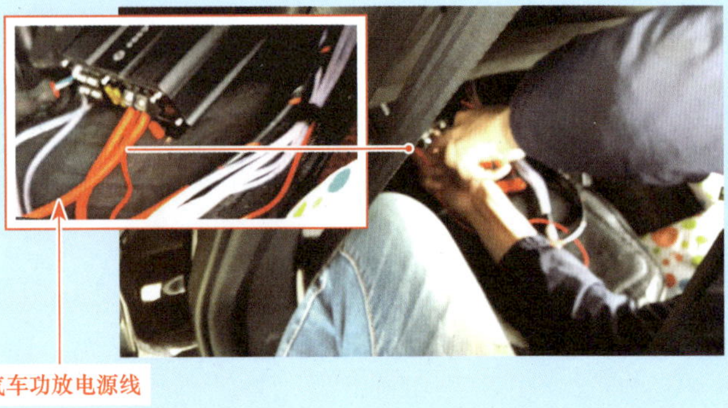

安装汽车功放电源线

安装音频输出线束

（21）根据功放接线图，安装音频输出线至汽车功放的每个接点（接扬声器），再将音频输出线用胶布缠起来，起到避免信号干扰的作用。

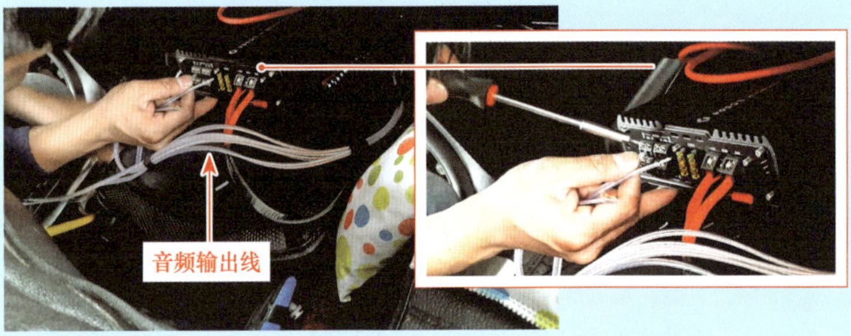

安装音频输出线束

插上音频输入信号线

（22）插上汽车功放的音频输入信号线。

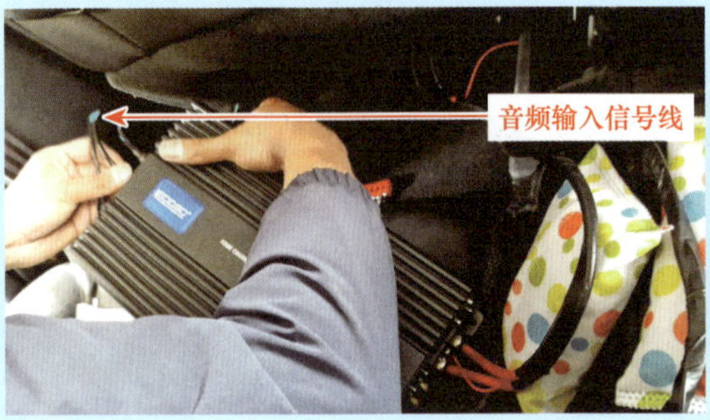

插上音频输入信号线

（23）在电源线上接上熔丝，保证电路使用安全。

电源线接上熔丝

电源线接入熔丝线

（24）拧松蓄电池正极的固定螺栓，然后将电源线接到蓄电池正极端子上并拧牢固。

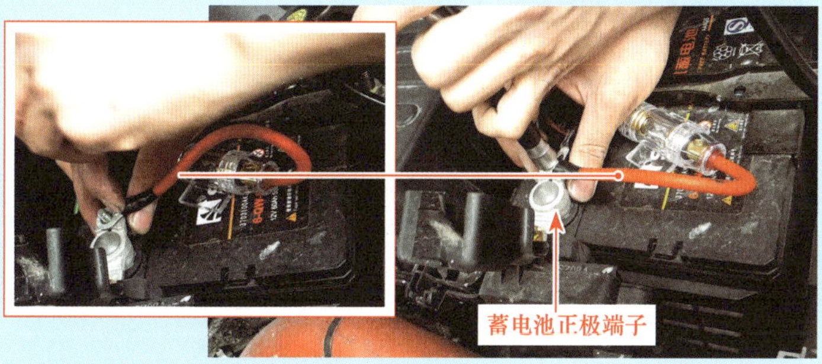

电源线接到蓄电池正极端子

电源线接到蓄电池正极端子

（25）安装音响CD机。

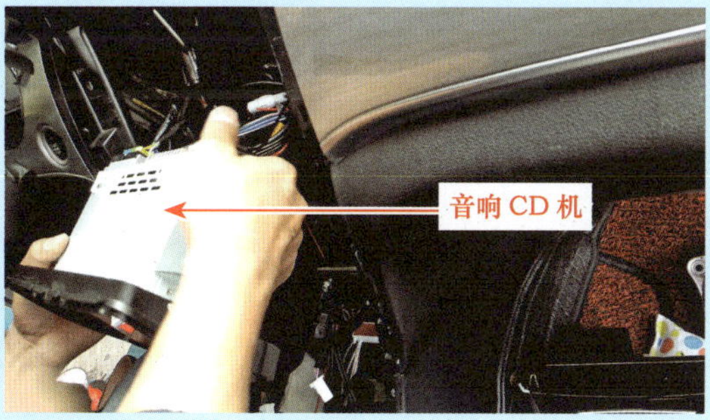

安装音响CD机

装上空调控制面板

（26）插好空调控制面板的插接器，然后将其放置在上面即可。

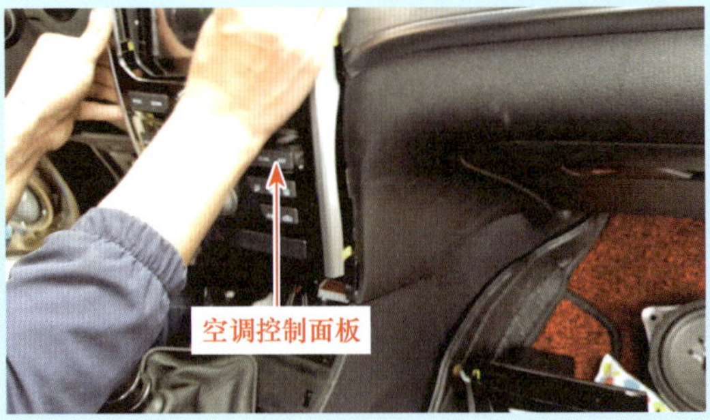

装上空调控制面板

开启音响 CD 机

（27）开启音响 CD 机，然后对汽车功放进行调音，确保音质正常。

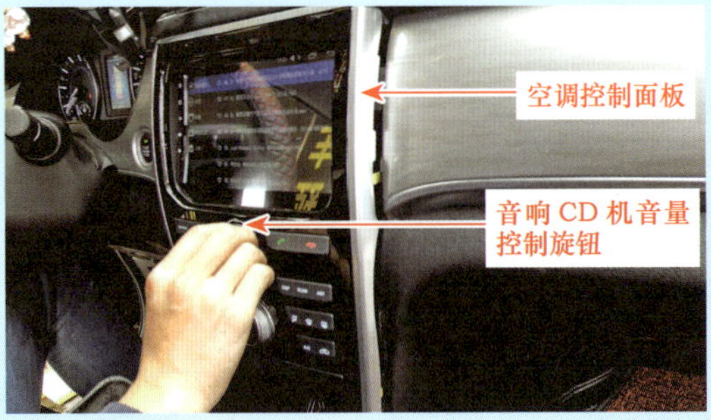

开启音响 CD 机

空调面板安装到位

（28）将空调面板及其他部件按顺序安装到位即可完成汽车音响的改装作业。

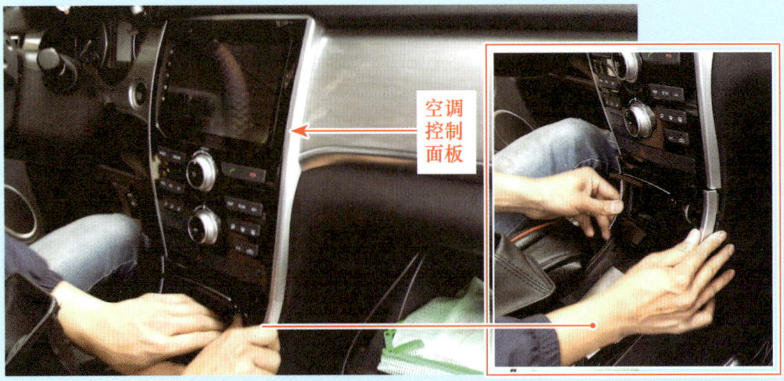

空调面板安装到位

相关知识

1. 汽车功放 LC504 接线端口

每个汽车功放的接线端口有所差异，以丹麦雷道汽车功放 LC504 为例，它的接线端口如图所示。

2. 分频器接线柱

分频器有 6 个接线柱，从左到右分别标有 AMP + 及 –、TWEETER + 及 –、WOOFER+ 及 –。它们分别表示输入线正极接线端及输入线负极接线端、高音扬声器正极接线端及高音扬声器负极接线端、中低音扬声器正极接线端及中低音扬声器负极接线端。

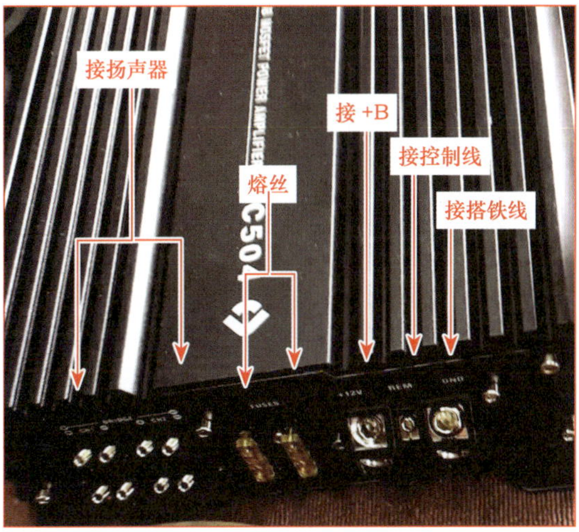

汽车功放 LC504 接线端口

1）AMP+ 及 – 表示音频信号的输入端，主机（或功放）输出端应接到此两个端子。“+”正极和“–”负极要与主机（或功放）的输出端相对应，一定不要接错。如果正负接反，会出现左门的声音与右门的声音反相的情况，使低音减弱甚至完全抵消。

2）TWEETER + 及 – 是高音扬声器的接线端，高音扬声器的正、负极要与分频器上面的标示相对应，切勿接错。

3）WOOFER + 及 – 是中低音扬声器的接线端。中低音扬声器的正、负极应与分频器上面的标示相对应，切勿接错。

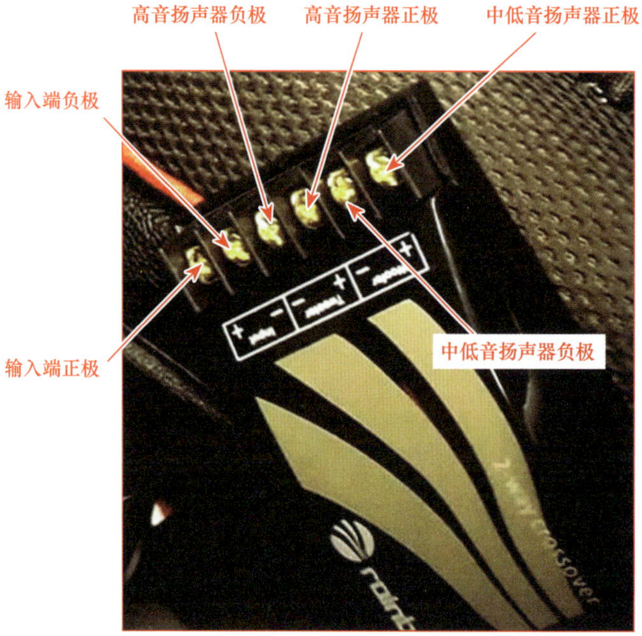

分频器接线柱

3. 扬声器线正负极判断技巧

当剪下原车扬声器线束时，插头插在原车的扬声器上面，用原车扬声器其中的一条线接一节 1.5V 干电池的负极，另一条线瞬间快速地碰触干电池的正极，观察扬声器振膜的运动方向，如果是向前方运动，则说明现在接干电池负极的线就是扬声器的负极线，另外一条线就是扬声器的正极线；如果扬声器振膜是向后运动，则说明现在接在干电池负极的线是扬声器正极线，另外一条线就是扬声器的负极线。

48. 汽车雷达的改装

（1）首先准备好一套汽车雷达装置，它包括前雷达和倒车雷达。

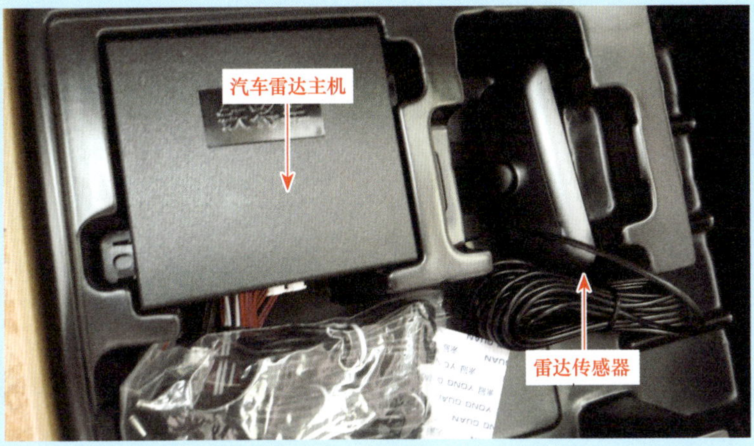

汽车雷达装置

（2）确定雷达传感器的安装位置，然后选择合适的钻头进行钻孔。前、后保险杠的雷达传感器的安装位置采用同样的方法进行钻孔。

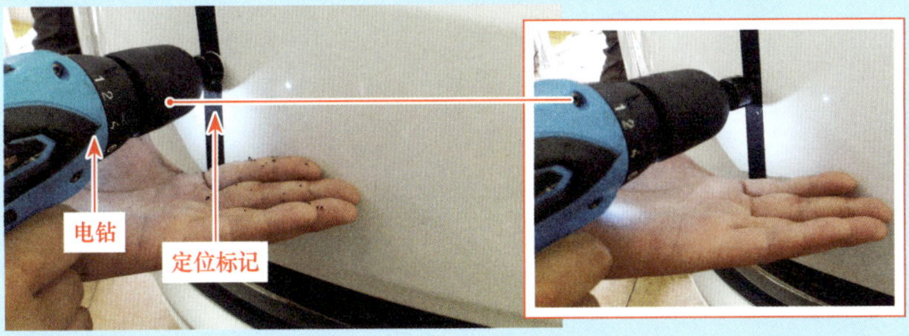

钻雷达传感器的安装孔

钻雷达传感器的安装孔

（3）用电工胶布将铁丝的一端与前雷达传感器的线束端包扎在一起，然后将铁丝穿入安装孔内，一直拉动前雷达传感器的线束，使其完全穿入安装孔内。

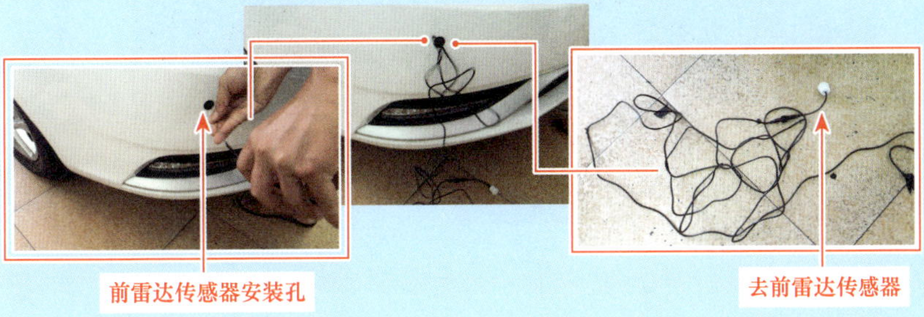

穿入前雷达传感器的线束

穿入前雷达传感器的线束

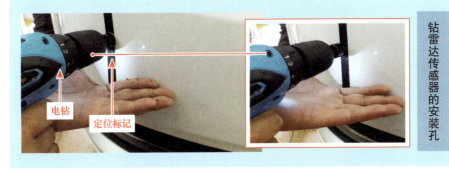

（4）将前雷达传感器的标注箭头朝上，然后用两个手指将前雷达传感器压入安装孔内，再将前雷达传感器的线束沿车门槛的内饰板布置到汽车雷达主机安装的位置（行李箱左侧）。其他雷达传感器的安装方法与其相似。

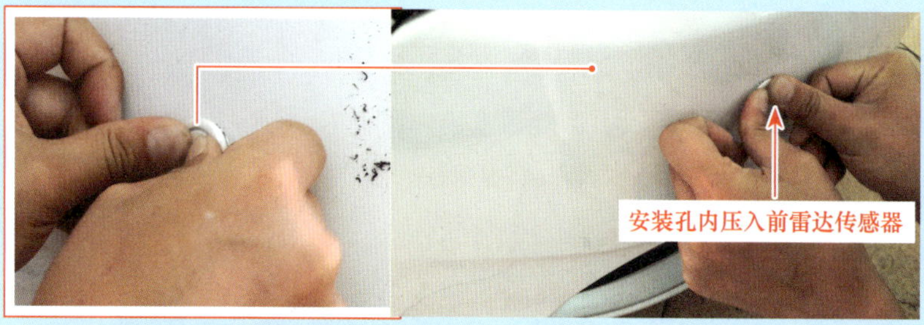

安装好前雷达传感器

（5）将双面胶粘贴在汽车雷达显示器的底部，然后将其粘贴在仪表台左侧位置。再将汽车雷达显示器的线束沿车门槛的内饰板布置到汽车雷达主机安装的位置（行李箱左侧）。

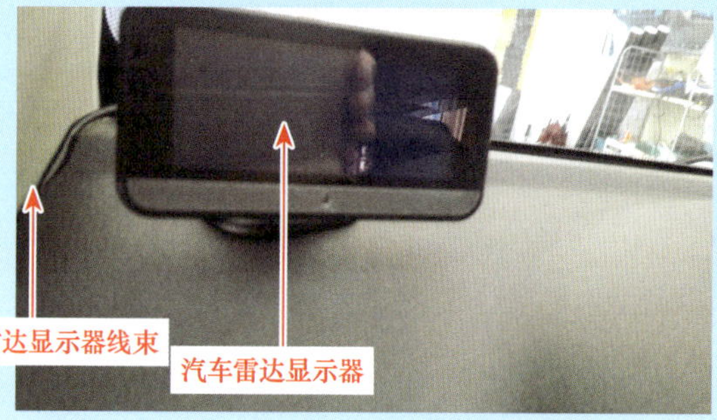

安装汽车雷达显示器

接电源线及搭铁线

（6）一名助手在车内换倒档，一名技师在行李箱后面查找倒车灯的电源和搭铁线，然后将倒车电源和搭铁线延长线接好；再由助手在车内踩制动踏板，技师在行李箱后面查找制动灯的电源线，然后将制动灯电源线延长线接好。

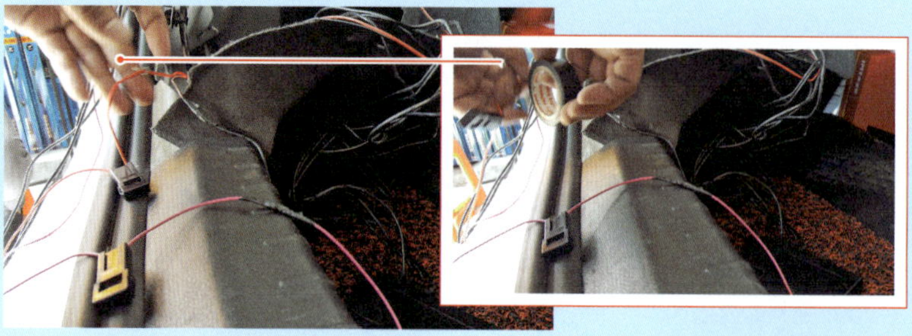

接电源线及搭铁线

（7）将线束进行隐蔽布置，然后按照安装说明书连接好雷达传感器及汽车雷达主机的接线，将汽车雷达主机在行李箱左侧位置粘牢并装复其他内饰板即可。测试前、后雷达的工作性能，如有异常则应检查线路是否安装正确。

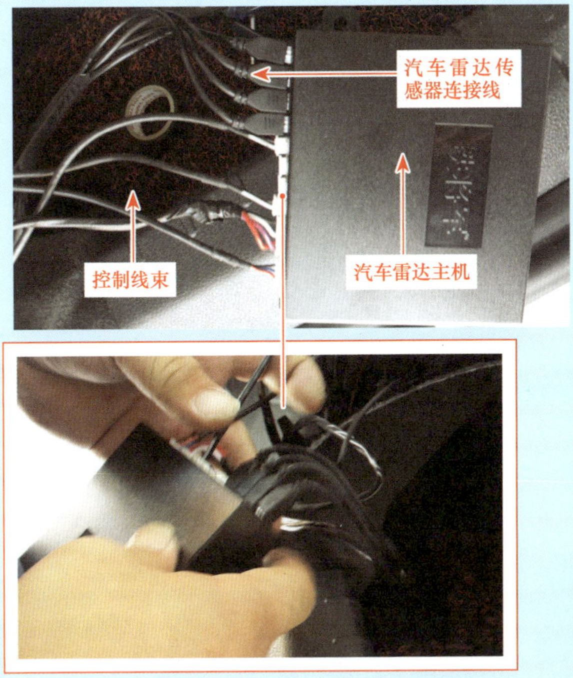

安装汽车雷达传感器及汽车雷达主机接线

49. 汽车暗锁的改装

（1）在驾驶室左侧门槛饰板下用测试灯找到燃油泵的供电线，然后把它剪开，再用延长线将其接上一个继电器。

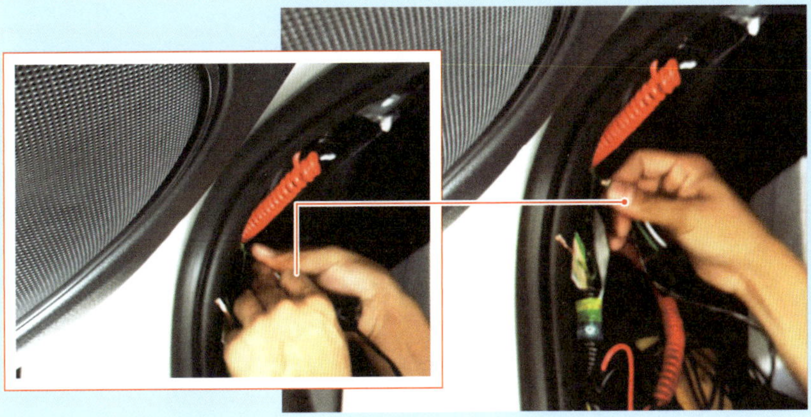

安装暗锁的继电器

（2）在驾驶室左侧用测试灯找到控制主机的供电线和搭铁线，然后将其线束接好，再将插头插入控制主机相应端口。

控制主机的供电线和搭铁线

（3）将感应线圈插头接到控制主机上，然后将感应线圈和控制主机隐藏起来，用 ID 感应卡测试暗锁的功能，确保起动发动机时发动机能够正常工作。

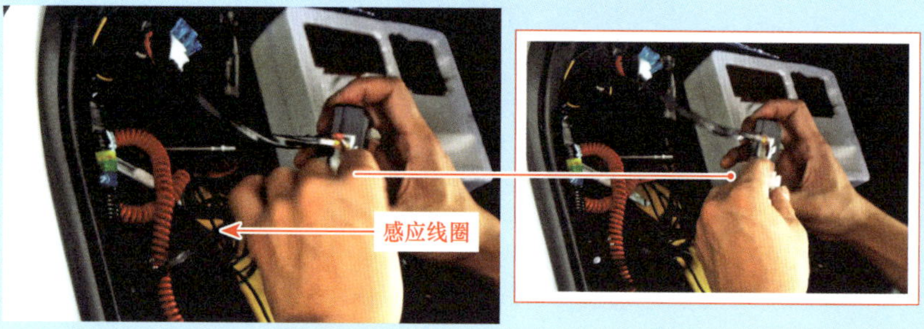

安装感应线圈

50. 车载冰箱

车载冰箱是直接接车载电源用的便携冰箱，体积较小，噪声小，耐振动抗撞击，放置于汽车行李箱，部分商务车可置于后排座椅中央扶手后方，还有部分车型的车载冰箱位于前排中央扶手下方。

车载冰箱比较适合自驾游的车主，在行车中只需将电源插头插入点烟器插口即可；在家也可以使用家用电，是一款便携型车载用电器。

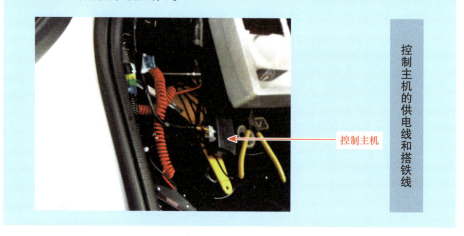

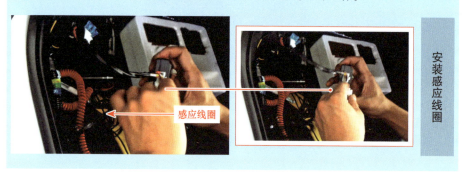

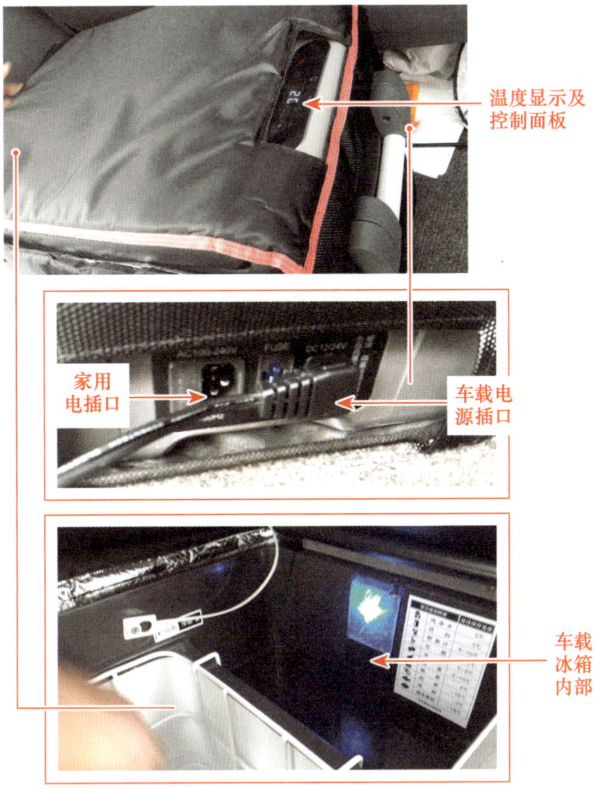

车载冰箱

51. 加装电子稳压器

RACING SPEC CONDENSER Ⅲ是第三代电子稳压器（逆电流）装置，它可使车辆电压稳定，即使发电机处于重负载时，依然能够提供给车辆各项电器设备最稳定的电压。同时，也能够延长电器设备使用寿命，可以让发动机加速反应轻快、怠速稳定性提升，提高压缩机效能，减少音响杂音，降低耗油量，延长蓄电池寿命。安装时将逆电流的正负极电缆连接到蓄电池正负极，然后将 3 条搭铁线分别与发动机 3 处搭铁，最后将电子稳压器固定在发动机舱内即可。

加装电子稳压器

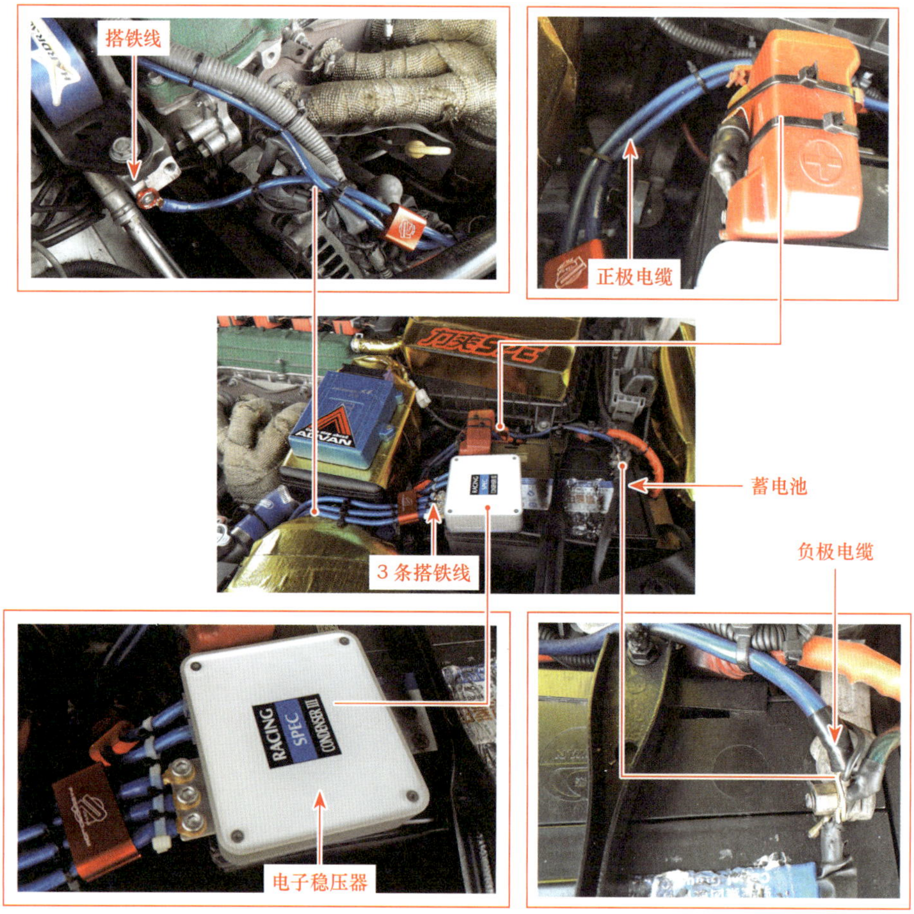

加装电子稳压器

参考文献

[1] 杨智勇，等 . 汽车美容装饰入门与技巧 [M]. 北京：化学工业出版社，2017.

[2] 钱岳明 . 汽车装潢与美容技术 [M]. 北京：人民交通出版社，2008.

[3] 王鹤隆 . 汽车影音改装实用教程 [M]. 北京：机械工业出版社，2012.

[4] 李平 . 玩转汽车改装 [M]. 北京：机械工业出版社，2013.

[5] 安永东，等 . 汽车改装技术与实例 [M]. 北京：化学工业出版社，2010.